はじめての自然循環菜園

料 無農薬での野菜づくり

アースケアテイカー
(株)いかす取締役
内田達也

家の光協会

アースケアテイカー

内田達也

（株）いかす取締役。1976年、東京都生まれ。神奈川県平塚市、大磯町で7ha（2023年１月時点）の有機栽培圃場を運営し、年間40品目の野菜を出荷。持続可能な農業の担い手を増やす「サステナブル・アグリカルチャースクール」講師を務める。

はじめに

植物は、太陽の光をエネルギーにし、光合成で生み出した代謝産物を根から放出し土壌生態系を豊かにすることで、必要な養分を循環の中から生み出しています。土壌から一方的に吸収するのではなく常に「与えながら与えられる」という相互関係を築いています。

栽培における人の役割は、作物・土壌・環境の3つの特性を生かし、関係性を紡いでいくことだと思います。

①作物の起源と歴史・生理生態を知り、栽培管理などを通して作物の土壌への働きかけを高めるようサポートすること

②土壌の起源と生成の歴史を知り、地力をあげ、作物の働きかけにスムーズに答えられる土壌生態系になるようサポートをすること

③植物・土壌を取り巻く環境を整え、多様性のあふれる場にし、病害虫と呼ばれる存在も、ただの虫・菌として生態系をになう一因になるように関わり続けること

太陽の光から始まる「いのち」の循環を認識し、関係性を紡ぎ続けていくと、不思議と美しくておいしい作物が育っていきます

この本が、豊かな自然循環菜園を創造する、お役に立てれば幸いです。

もくじ

第1章 自然循環菜園は究極の栽培技術だ！

第2章 季節の循環セオリーと究極の野菜作り

第1章

自然循環菜園は、究極の栽培技術だ！

「連作を繰り返すほど土は肥え、野菜が健康的に育つ」と聞くと、にわかには信じられないかもしれない。しかし、〝自然循環菜園〟なら実現可能だ。ポイントは、野菜残渣と緑肥作物を土に還し、毎年同じ作付けパターンを繰り返す〝命のリレー〟を続けること。年々肥料が要らなくなり、病害虫の発生は減り、そして豊作になる――。そんな〝自然循環菜園〟の大いなる輪の中に足を踏み入れてみよう。

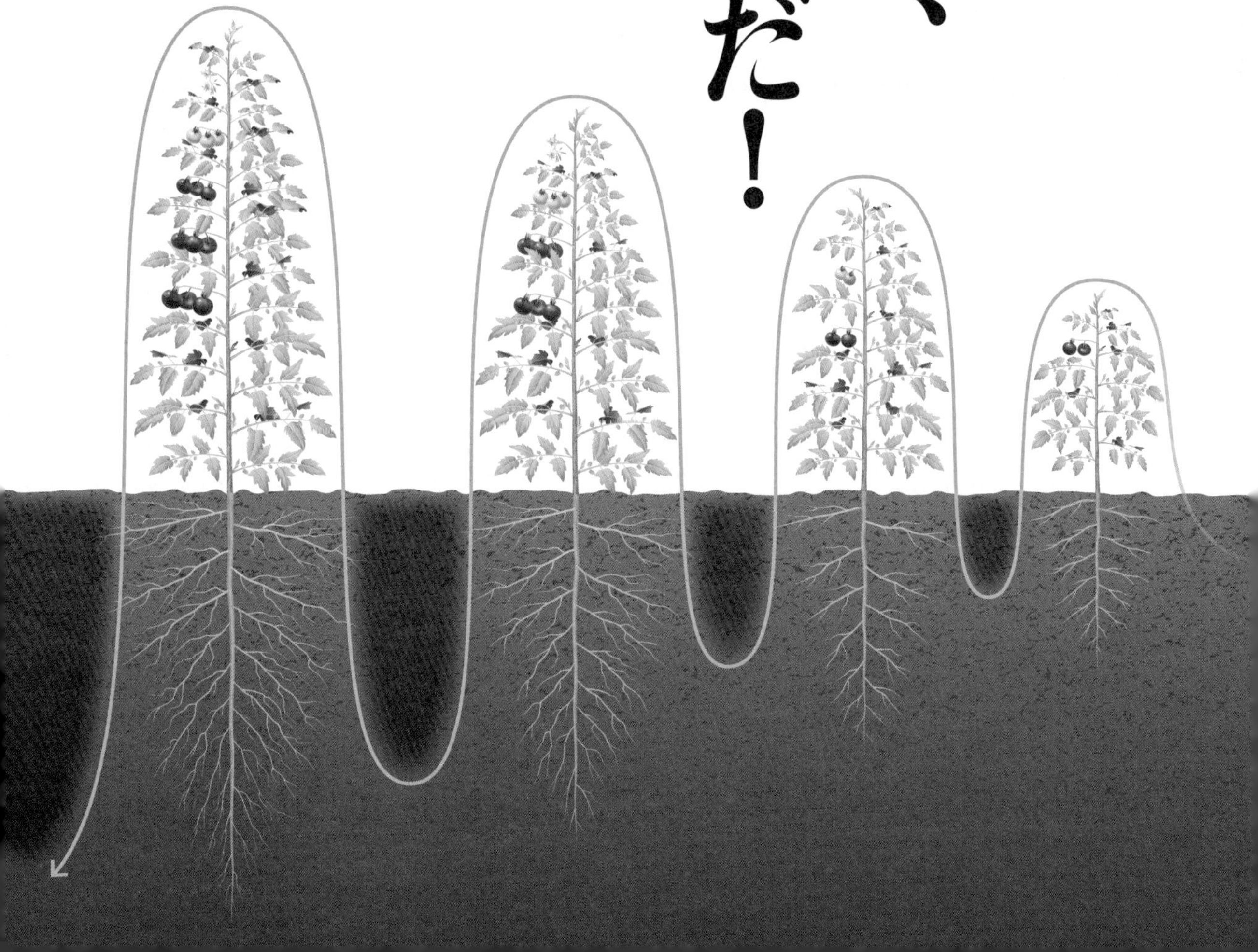

自然循環菜園のすすめ

循環は土壌生態系とともに

植物は光合成で生み出した糖やアミノ酸を根から放出する。これを餌とする微生物や土壌動物は根のまわりに集まり、土中に養分を供給し、ふたたび植物が吸収する。やがて植物は枯れ、微生物に分解されて土を肥やす。絶え間ない循環によって土壌は豊かになり、植物が育ちやすい環境へと変わっていく。手つかずの森や草原が、何年も同じ場所で繁栄できるのは、植物と土壌生態系が補完し合っているからだ。

ただし、補完の関係を尊重しつつも、畑の主役はあくまで野菜。野菜は根を伸ばしながら自身にとって相性のいい微生物をすまわせて、自身が頂点に立てる生態系を形成しようとする。栽培する人がやることは、野菜と土壌の織り成す環境をそっと後押しして、勢いをつけてあげることである。

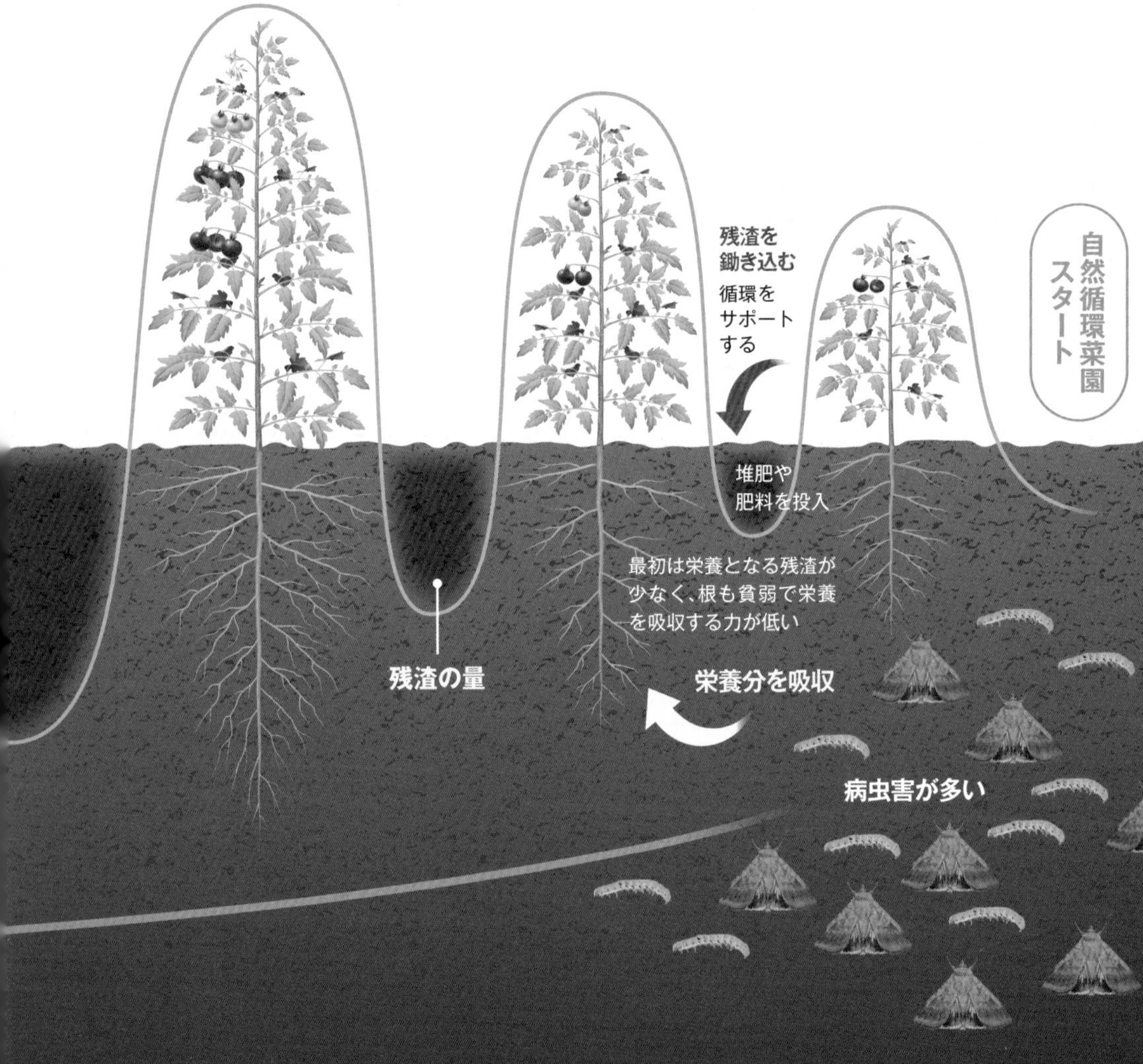

循環のメリット

堆肥や肥料が、だんだん要らなくなる

循環菜園ができあがってくると、堆肥や肥料を入れずとも作物がよくできるようになる。

しかしいきなり実現できるわけではない。そもそも野菜がしっかり育たなければ、土壌生態系にたいして働きかけが及ばず、好みの土壌生物を集めることも、活性化することもできない。まずは当該の作物を大きく育てる（＝残渣も大きくなる）ことに徹しよう。

最初は助走期間と考え、堆肥や有機質肥料を施して養分を補う。よくよく地力の高い畑でないかぎり、いきなり残渣だけで回そうとするのは無理だからだ。1〜2年は堆肥や肥料を補ってあげる。しだいに市販の堆肥や肥料に頼らずとも、循環する菜園へと移行できる。

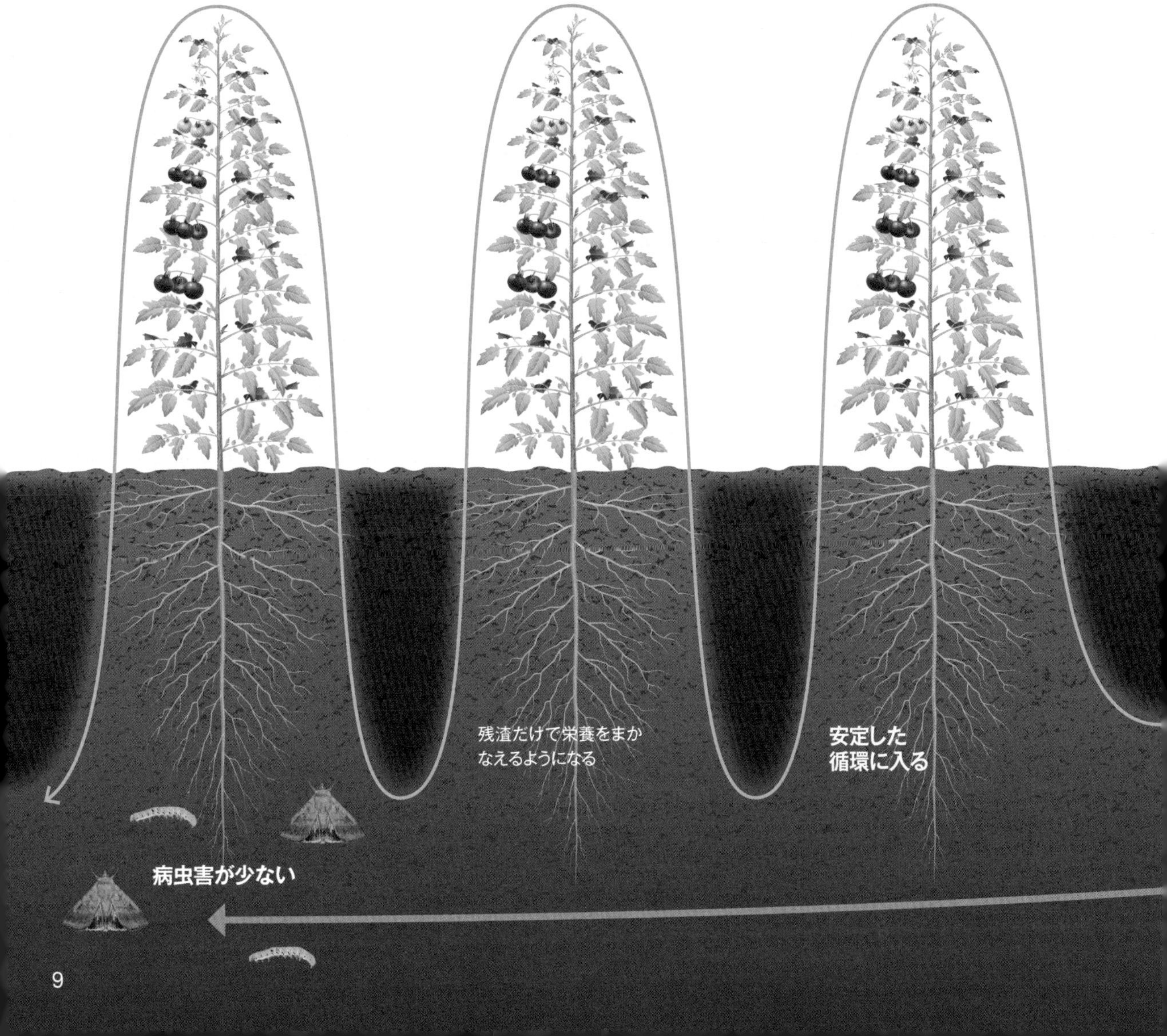

連作が循環を助ける

では、具体的にはどうすればいいのだろうか。その答えは、同じ作付けパターンを繰り返すことだ。つまり「連作」である。毎回違う作物を栽培したほうが、土壌生物の種類が増えてよさそうに思えるが、多様すぎると土壌生態系が安定しない。

毎年、決まった時期に決まった作物を栽培すれば、そこから発生する有機物を餌とする土壌生物が居つく。作物の残渣も、微生物や土壌動物を呼び寄せる。したがって収穫が終わったら、作物の残渣と根は土に戻す。3年、4年と繰り返すことで、作物に合った安定した環境の土ができあがる。これを「大きな循環」と捉える。

小さく循環

植物は光合成をすることで土壌生態系に養分を供給し、土壌生態系は、トマトが育つように養分を供給している。

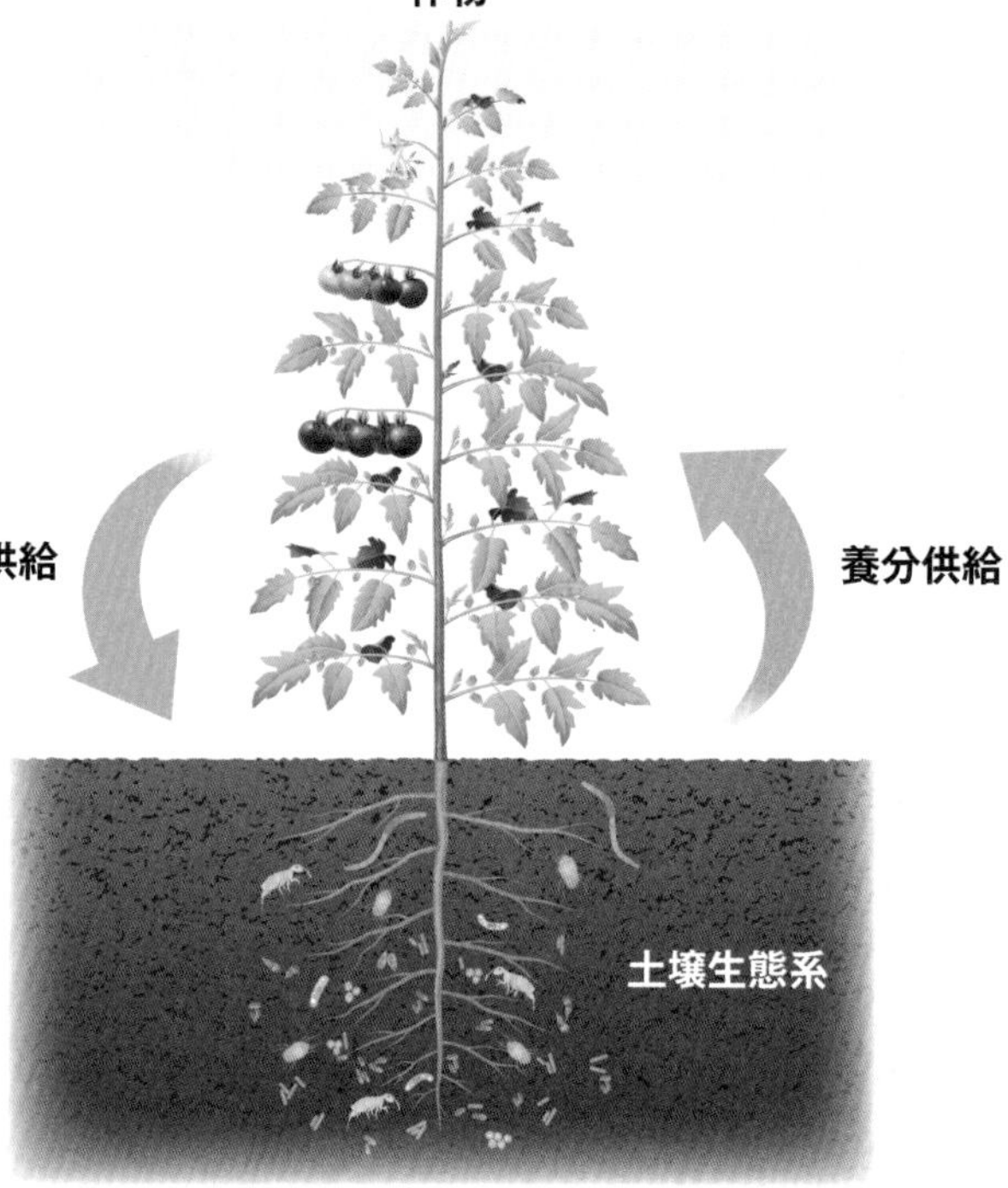

大きく循環

春作と秋作で毎年、同じ野菜を作る。作物には特定の微生物が居つき、年々数を増やしていく。作物にとって居心地のいい土壌へと変わっていく。トマトやカボチャは自分好みの土壌生態系に変える力が強く、連作しやすい。トマトを主役にした例をみてみよう。

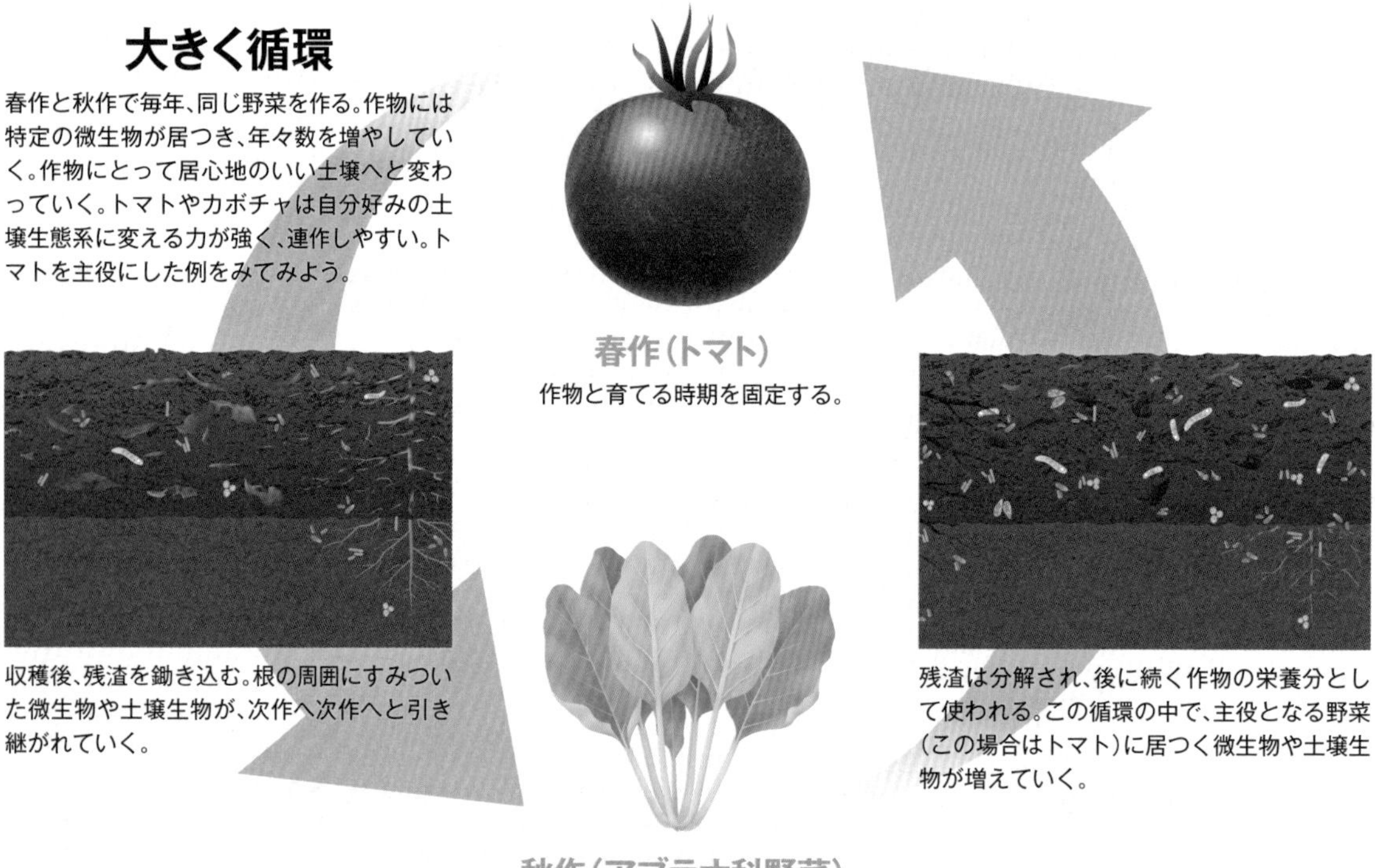

春作（トマト）
作物と育てる時期を固定する。

残渣は分解され、後に続く作物の栄養分として使われる。この循環の中で、主役となる野菜（この場合はトマト）に居つく微生物や土壌生物が増えていく。

秋作（アブラナ科野菜）
トマトと相性がよく、かつ収穫残渣が多く緑肥の代わりになるものがなお可。

収穫後、残渣を鋤き込む。根の周囲にすみついた微生物や土壌生物が、次作へ次作へと引き継がれていく。

※ただしトマトの青枯病のように、病原菌が土の中で長く生き残るタイプの病気が出た場合は、土に戻さない。

循環
セオリー
①

太陽の動きに合わせて栽培する

連作は循環菜園における究極の栽培技術である。

野菜づくりは〝命のリレー〟。一つの野菜を育てて収穫したら終了、ではなく、その野菜が残してくれた土壌環境や残渣などの有機物を活用して、次の野菜を育てる。これを絶え間なく何年も繰り返すことで、肥料も堆肥も使わない、病害虫も発生しない、最高の土ができあがってくるのだ。

通常なら1年単位で作付けを考えるが、循環菜園は違う。2年、3年、4年と何年もぐるぐると繰り返される。まるで太陽のまわりを回る地球のようだ。

循環菜園は人類の営み

そのイメージはまさに循環菜園そのものだ。地軸の傾いた地球が太陽のまわりを回ることで季節が生まれる。人類は何千年も、毎年太陽の動きに合わせて農業を繰り返すという営みを続けてきたわけだから、家庭菜園であれ生産者であれ、ベースは変わらない。

どのタイミングで種をまき、苗を植えつけ、さらに次の野菜の種をいつまくのか、年間の農作業の適期を暦から把握する。

とくに重要視しているのが二十四節気だ。

太陽熱発酵処理のスタートは小暑から大暑

太陽の力を最大限生かす。その象徴が太陽熱発酵処理。春夏野菜から秋冬野菜の畑への転換に利用する。気温の高い小暑から大暑の頃からが適期となる（作業手順はP.48～49参照）

年を越し、小寒を迎えた畑。日中でも木の影が長く、日は短い

栽培暦は左回りの円で考える

地球は秒速30㎞という速さで太陽のまわりを左回り（反時計回り）で公転し、１年・約365日かけて一周している。わたしたちは今この瞬間も宇宙船“地球号”に乗り太陽のまわりを周回する旅をしているのだ。いまどの位置にいて、次にどんな季節がやってくるのかを考えるとき、暦は線ではなく、左回りの円で捉えるとわかりやすくなる

暦の上では秋に入り、少しずつ涼しくなっていく頃。秋冬野菜の苗づくりを始める時期

真夏の暑さがようやく落ち着いてくるが、海水温はまだ上がり続けている。この頃から海水温が低下してくる寒露から霜降の頃まで台風が発生しやすい

もっとも昼が長くなる

太陽の力がもっとも強まる日。遅れて気温・海水温も上昇していき、大暑を迎える

春夏野菜を植えつける適期。立夏を過ぎると遅霜が降りる危険性が少なくなる

昼夜の長さが同じになる

本格的な農作業シーズンの到来。葉物野菜の種をマルチなしでまくなど、農作業を春夏仕様に変える

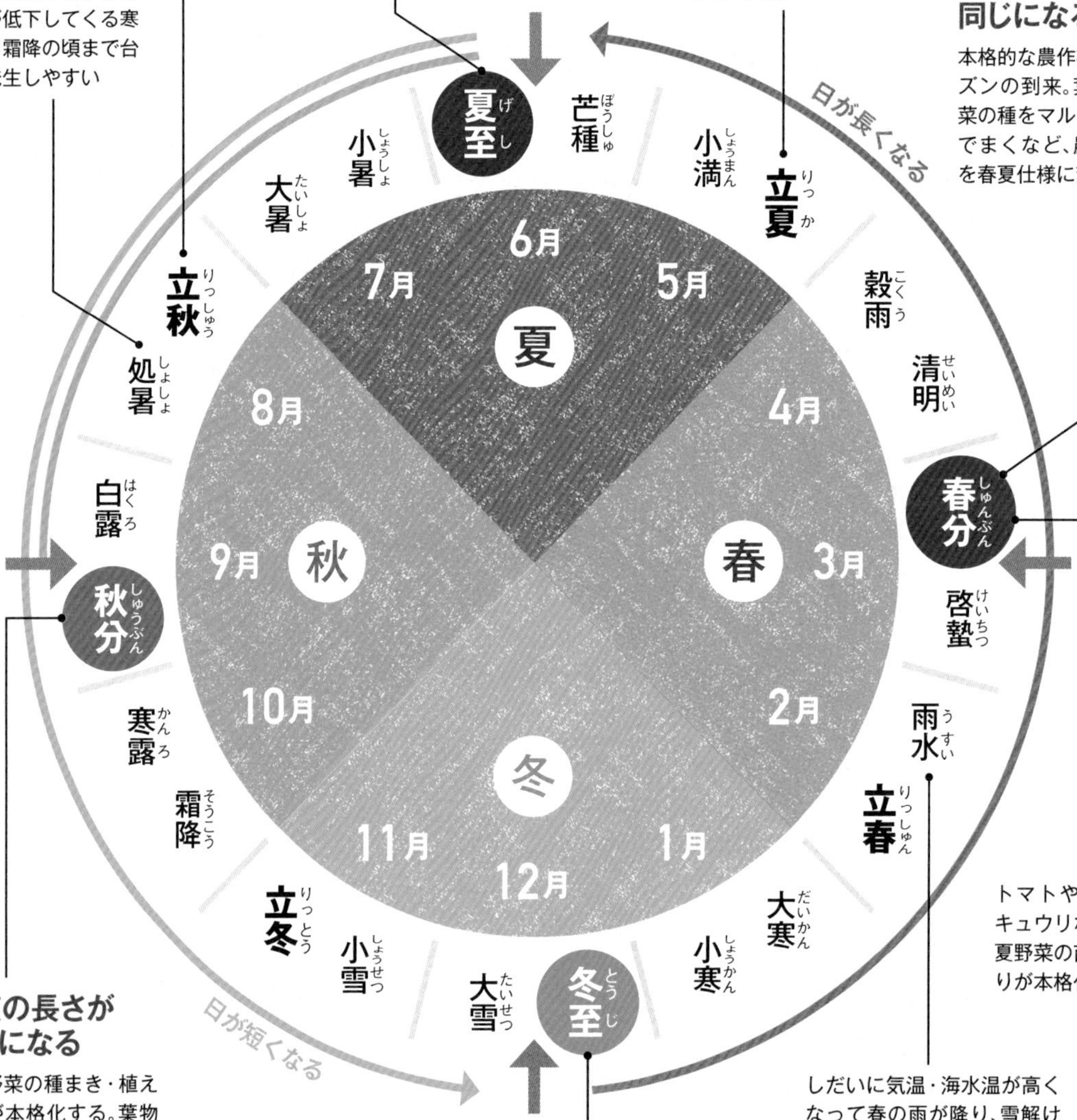

トマトやナス、キュウリなど春夏野菜の苗づくりが本格化する

昼夜の長さが同じになる

秋冬野菜の種まき・植えつけが本格化する。葉物野菜の種まきで黒マルチを使うなど、農作業を秋冬仕様に変える

もっとも昼が短くなる

太陽の力がもっとも弱まる日。遅れて気温・海水温が低下していき、大寒を迎える

しだいに気温・海水温が高くなって春の雨が降り、雪解けが進む。啓蟄になると虫の活動が本格化し、ジャガイモを植えつける適期になる

循環セオリー ①

農作業の適期は二十四節気で把握する

二十四節気とは、古代中国伝来の季節の移り変わりを示す暦の一つ。1年間が約15日ごとに24等分されている。

　二十四節気は、1年間の季節の変化が完全なシンメトリー（左右対称）で配置されている。1年でもっとも日が短くなる冬至の反対側には、もっとも日が長くなる夏至があり、その中間に昼夜の長さが半々になる春分と秋分が位置している。

　冬至から夏至に向かうと日は長くなり、1～2か月遅れて大暑から処暑の頃に暑さのピークを迎える。反対に、夏至から冬至に向かうと日は短くなり、1～2か月遅れて大寒から雨水の頃に寒さのピークを迎える。

　人類は、古くから太陽の動きを手がかりに暦を発達させ、農作業の適期を知る目安としてきた。二十四節気は、いつ・なにを行えば野菜が育つかを指し示した、いわば〝農作業の羅針盤〟といえるものなのだ。

　1年のうち、春分と秋分が大きな区切りになる。

　農家は昔から春分を1年の始まり、秋分をその折り返しと考えてきた。春分の頃から春夏野菜、秋分の頃に秋冬野菜の種まきや植えつけを本格化させる。まずは春分と秋分で大きなラインを引いて、1年の作業を考えてみよう。

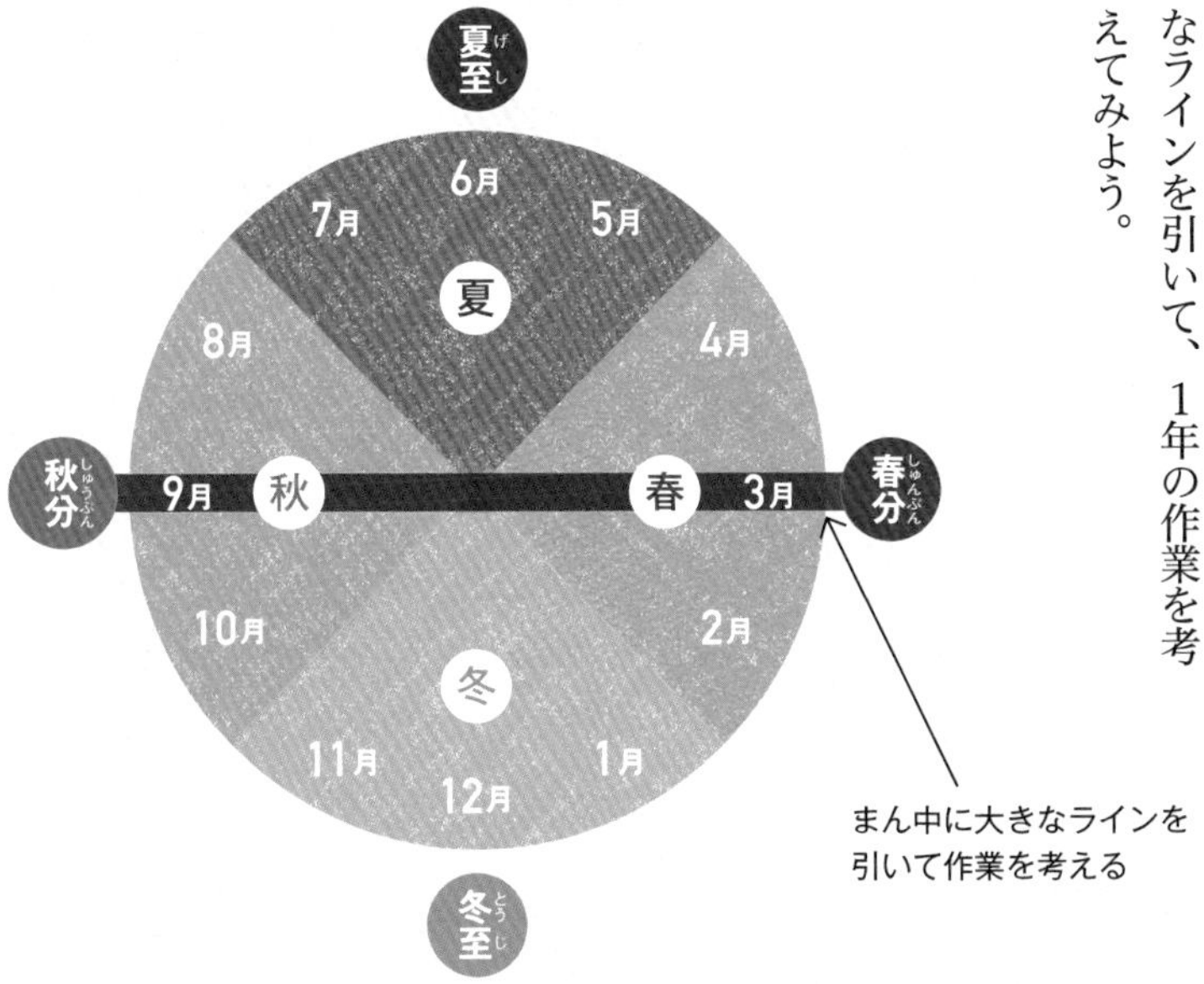

二十四節気における四季の区切り

- 春 … 2月3日ごろ（立春）～ 5月4日ごろまで
- 夏 … 5月5日ごろ（立夏）～ 8月6日ごろまで
- 秋 … 8月7日ごろ（立秋）～ 11月6日ごろまで
- 冬 … 11月7日ごろ（立冬）～ 2月2日ごろまで

暦の上では立春・立夏・立秋・立冬で春夏秋冬が分かれる。わたしたちの実感よりも暦の上では季節の移り変わりは早い。暦に基づいて早め早めに作業を計画することがたいせつ

循環セオリー ②

緑肥作物で野菜の育ちをサポート

緑肥の“循環”カレンダー

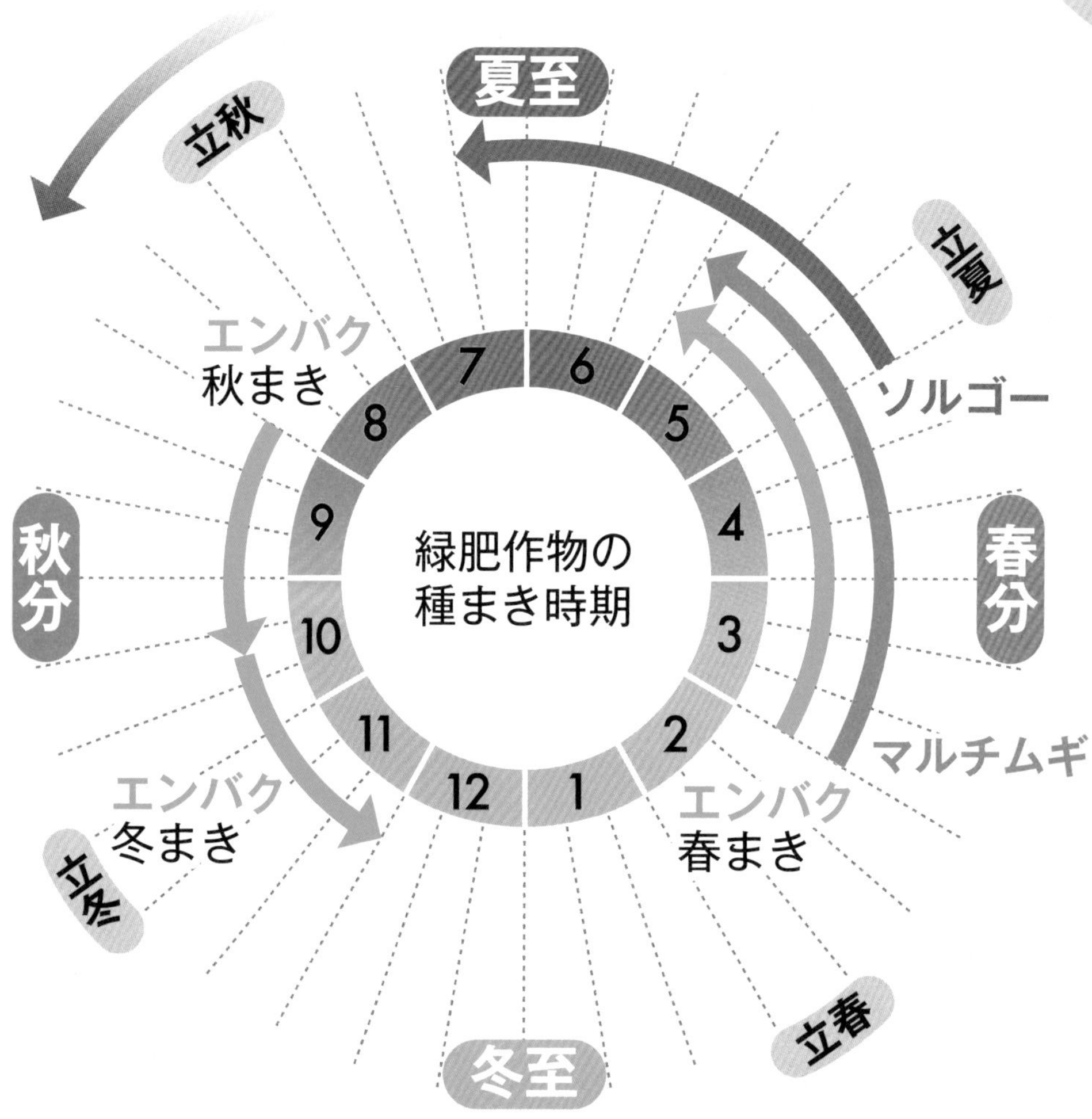

循環菜園では緑肥作物を駆使する。緑肥作物は野菜と違って収穫を目的とせず、畑に鋤き込むために育てる作物。野菜の残渣に加えて、緑肥作物によって生み出される有機物も併せて循環させるのだ。

野菜の残渣だけでは、有機物が不足する作型が出てくる。緑肥作物で補うことにより、循環する有機物の量を増やすのが大きなねらいの一つである。

緑肥作物の効果はそれだけではない。根を張らせることで土をやわらかくしたり、茎葉に害虫の天敵を呼び寄せたりするといった効果もある。緑肥作物を育てることは、天敵や土壌微生物を飼うのと同じようなものだ。生物相が豊かになり、有機物の循環が促進される。

畑では緑肥作物の中でも、炭素分が多く土づくり効果の高いイネ科のマルチムギ、エンバク、ソルゴーを使い分けている。それぞれの特徴をみていこう。

キュウリやサトイモの通路にエンバク、それを取り囲むようにソルゴーが育つ畑。
野菜と緑肥作物が織りなす緑のグラデーションが美しい

秋冬野菜は注意して混植する

春夏野菜と異なり、キャベツやハクサイなどの秋冬野菜を作るときは、緑肥作物との混植は避ける。寒くなると土壌微生物の活動が鈍くなり、地中から供給される窒素分が少なくなるため、野菜と緑肥作物が養分を奪い合ってしまう。秋冬野菜では収穫後にエンバクなどを全面にまき、春に鋤き込む。

ただし、ソラマメとエンドウは例外。11月にエンバクの種をまくと、本格的に生長するのは春先から。つまり養分の奪い合いを避けることができる。混植することで、春先からマメ科の大敵であるアブラムシ抑制にも役立つ。

緑肥作物の種はばらまきでOK

緑肥作物の種まきはばらまきが基本となる。覆土は1～2cmまでとし、深く埋めないこと。数日で発芽し、簡単に育つ

通路など緑肥作物を育てたい場所に種をばらまく

レーキや熊手などで軽く土と混ぜ、足で鎮圧する

3つの緑肥作物の特徴

枯れたあとは天然の敷きわらに

『マルチムギワイド』は草丈25～30㎝ほど。通路に種をまくと地面を覆うように生育するが、6月を過ぎると枯れてくる。枯れ草は天然の敷きわらのようになる

マルチムギ、エンバク、ソルゴーは緑肥作物の基本。その特徴を覚えて、使い分けることがたいせつだ。

マルチムギは草丈の低い野菜に向く

3つの緑肥作物の中で、もっとも草丈の低いマルチムギは、カボチャやズッキーニ、サツマイモなど草丈の低い野菜といっしょに育てる。ポイントは早枯れタイプの品種を選ぶこと。わたしは『マルチムギワイド』(カネコ種苗)を使う。遅枯れタイプの品種だと野菜の着果期も茂って養分を奪ってしまい、野菜の生育をじゃまする危険性が高い。

地中深くまで土をほぐす

ソルゴーは地中深くまで根を張り、かたい土をほぐしてくれる効果も高い

草丈が高くなるので刈り取りながら管理

エンバクはいっしょに育つ野菜の草丈より高くならないように、刈り取りながら管理する

エンバクは草丈の高い野菜に向く

草丈が高くなるエンバクは、トマトやナスなど草丈が高い野菜と混植する。ただし、放っておくとエンバクは草丈1m以上になり、日当たりに影響してしまう。そこで草丈40㎝になったら株元10㎝を残して刈り取り、通路に敷く。これを3～4回繰り返すと、野菜の果実が肥大する頃に自然と枯れる。

ソルゴーは畑を切り替えるときの土づくりに使う

ソルゴーの種を地力の高い畑にまくと、草丈は優に3mを超える。ソルゴーは深く根を張り、有機物を大量に補給できるので、次作に切り替えるときの間作に利用する。また、その高さを生かして、風よけや日よけに畑全体を囲う障壁作物としても利用できる。

緑肥作物は使い方で効果が異なる

混植して野菜といっしょに育っているときは…

肥効がゆっくり現れる

通路にボカシ肥や米ぬかをまくと、まず緑肥作物が養分を吸い、あとで刈って敷くことで土に還る。ゆっくり肥効が現れ、野菜が窒素分を過剰に吸収するのを予防してくれる

日よけや風よけになる

写真は、半日陰で湿りけの多い場所を好むサトイモの隣でソルゴーが育つ、わたしの畑。草丈が３ｍ以上に育つソルゴーは日よけや風よけに役立つ

天敵を呼び寄せる

地上部の茂みがテントウムシ、ヒラタアブ、クサカゲロウなど天敵のすみかとなり、害虫を抑制してくれる

緑肥作物の使い方について強調したいのは、「緑肥作物は生育ステージごとに、土や野菜にたいする効果が異なる」という点だ。

　まずは混植して野菜といっしょに育っているとき。野菜よりも先に根を伸ばして土をやわらかくしてくれたり、天敵のすみかになって病害虫の発生を防いでくれる。つまり、生育しているあいだは生態系の一員として働いているわけだ。

　その後、若い青草の状態で刈り取って敷き草に使うと、窒素分を豊富に含んだ茎葉が分解され、追肥効果を発揮する。さらに生育が進み、炭素分が豊富なわら化した状態で鋤き込むと、土壌改良・土づくり効果が高くなる。

　あくまでも畑の主役は野菜。緑肥作物はそのサポート役である。主役を元気に育てるためにどんな効果をねらえばよいのか、目的を考えて緑肥作物を使うことがたいせつだ。

たとえばエンバクの場合は…

通路にまいたエンバクの草丈が40㎝以上になったら、株元10㎝を残して刈り取る。株元を残すことで、すぐに新しい葉が再生する

刈り取った葉を通路に敷いて、有機物マルチにする。刈って敷く作業を3～4回繰り返すと、エンバクは自然に枯れる

生長点が残り葉が再生しやすい

青草を刈り倒して敷き草にすると…

土の表層から緩やかに窒素分が補給される

青々とした新鮮な緑肥作物は、窒素分を多く含む。刈り取って畑に敷くと、土の表層で分解され、緩やかに肥料分として溶け出していく。「エンバクは刈って敷くという作業を３～４回行ってください。野菜の追肥にもなります」

刈り倒して鋤き込むと…

一気に分解されて団粒化が促進される

地上部を刈り倒して適当な大きさに刻む。畑にまいてしんなりしたら、まずは深さ10㎝まで鋤き込む。２週間後、さらに深さ15～20㎝まで鋤き込む。有機物が分解され、土の団粒化が一気に進む

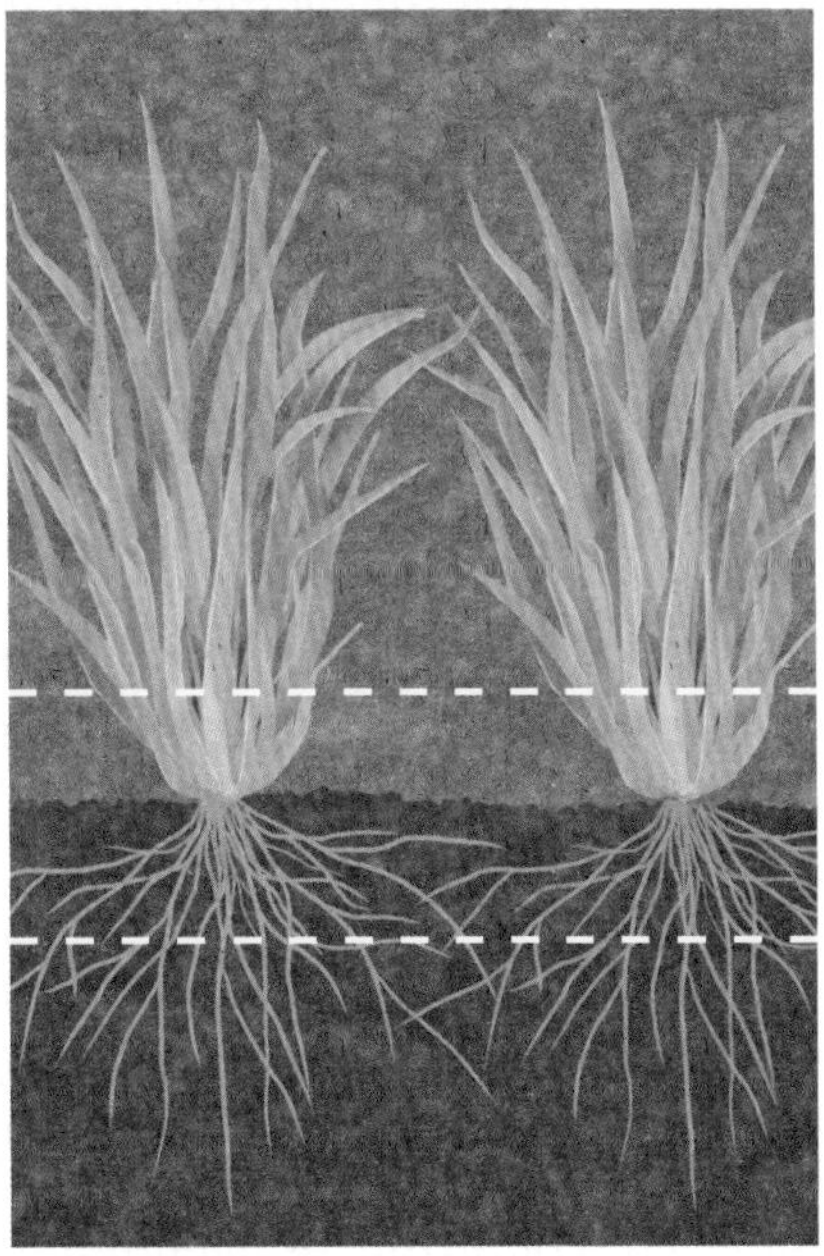

緑肥作物の草丈が40㎝ほどであれば、20㎝ずつ２度刈りすると、あとで刻まなくてもスムーズに鋤き込める

登熟前に刈り倒すと…

炭素分が豊富で土づくり効果が高い

出穂するとしだいに茎葉がかたくなり、炭素分が多くなる。この頃に刈り倒して鋤き込むと、高い土づくり効果が得られる。ただし、種子が登熟してから鋤き込むと雑草化してしまう。かならず登熟前に鋤き込む

出穂してわら化したエンバク。かたく分解しづらいので、米ぬかをまいて鋤き込むと分解が促進される

循環セオリー 3

残渣と緑肥作物を使って連作する

循環菜園では、使用する畝を固定し、毎年同じ時期に、同じ野菜を育てる。

つまり意図的に連作を仕掛けるわけだが、そこには守らなければならない一定のルールがある。

春夏野菜と秋冬野菜の2作で畑を回していくが、重要なのは野菜の組み合わせだ。両方、またはどちらかの作付けで、かならず残渣が多く出る野菜を組み入れる。十分な有機物を残すことにより、連作が可能になるのだ。

トマトやトウモロコシは残渣が多く出る野菜の代表格だが、そんな野菜は限られてしまう。残渣が少ない野菜を連作するには、どうすればよいのだろうか。

そのサポート役が緑肥作物だ。野菜といっしょに通路で育てることで、畑にたくさんの有機物を還元してくれる。土壌生態系も豊かになって、連作障害を引き起こす病害虫の発生も抑えてくれる。

●トマト　エンバク

9月は4週間ほどでトマトの残渣が分解する。その間、ハクサイの苗を育てておく。育苗期間は20日間ほど。8月中旬～下旬にセルトレーなどに種をまいておくとよい

トマトは9月以降もとれるが、収量は落ちてくる。ハクサイを作るため8月中で見切りをつけ、株を地際から切り取る。さらに、茎葉を10～20㎝に切り刻み、土中の根とともに畑に鋤き込んでおく

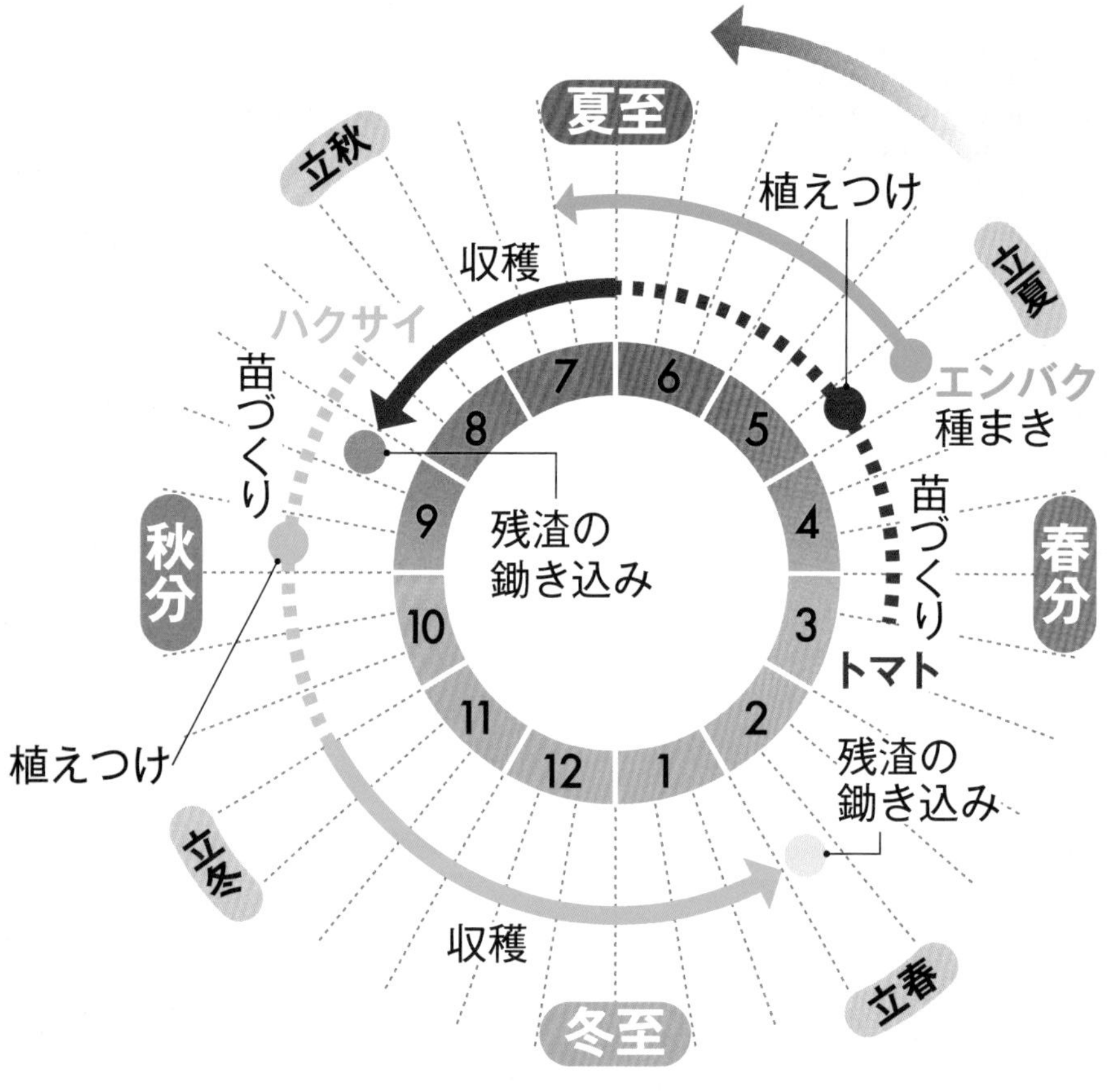

野菜残渣を最大限に生かす

春夏にトマト、秋冬にハクサイの作付けは連作の鉄板とも言える組み合わせだ。どちらも残渣が多く、2つのリレーを繰り返すことで土づくりが進む。ハクサイの代わりに、同じく残渣の多いブロッコリーやキャベツを選んでもよい。

残渣だけでも十分な有機物を補給できるが、トマトを植えつけるさいに、さらに通路にエンバクを育てるのもいい。

エンバクを育てることで生物相がいっそう豊かになり、有機物の循環が加速する。

収穫が終わったトマトの残渣。たっぷり残った茎葉には、地中から吸収した肥料分が蓄積されており、後作の元肥にもなる

循環セオリー③

ウリ科の残渣には緑肥をプラス

カボチャなどのウリ科野菜は、一見、茎葉が大きく有機物が多そうだが、水分が抜けると残渣のかさが減る。ウリ科野菜単独で残渣を鋤き込んでも有機物の量が足りず、土が痩せていってしまう。そこで、通路で緑肥作物を育てて有機物を補おう。這い性のカボチャなら草丈の低いマルチムギとの相性がよい。マルチムギは土の団粒化を促し、土壌環境を豊かにしてくれる。

秋冬の作付けにはアブラナ科野菜が相性抜群だ。とくにコマツナがおすすめ。ずらしまきができて、長く収穫できる。

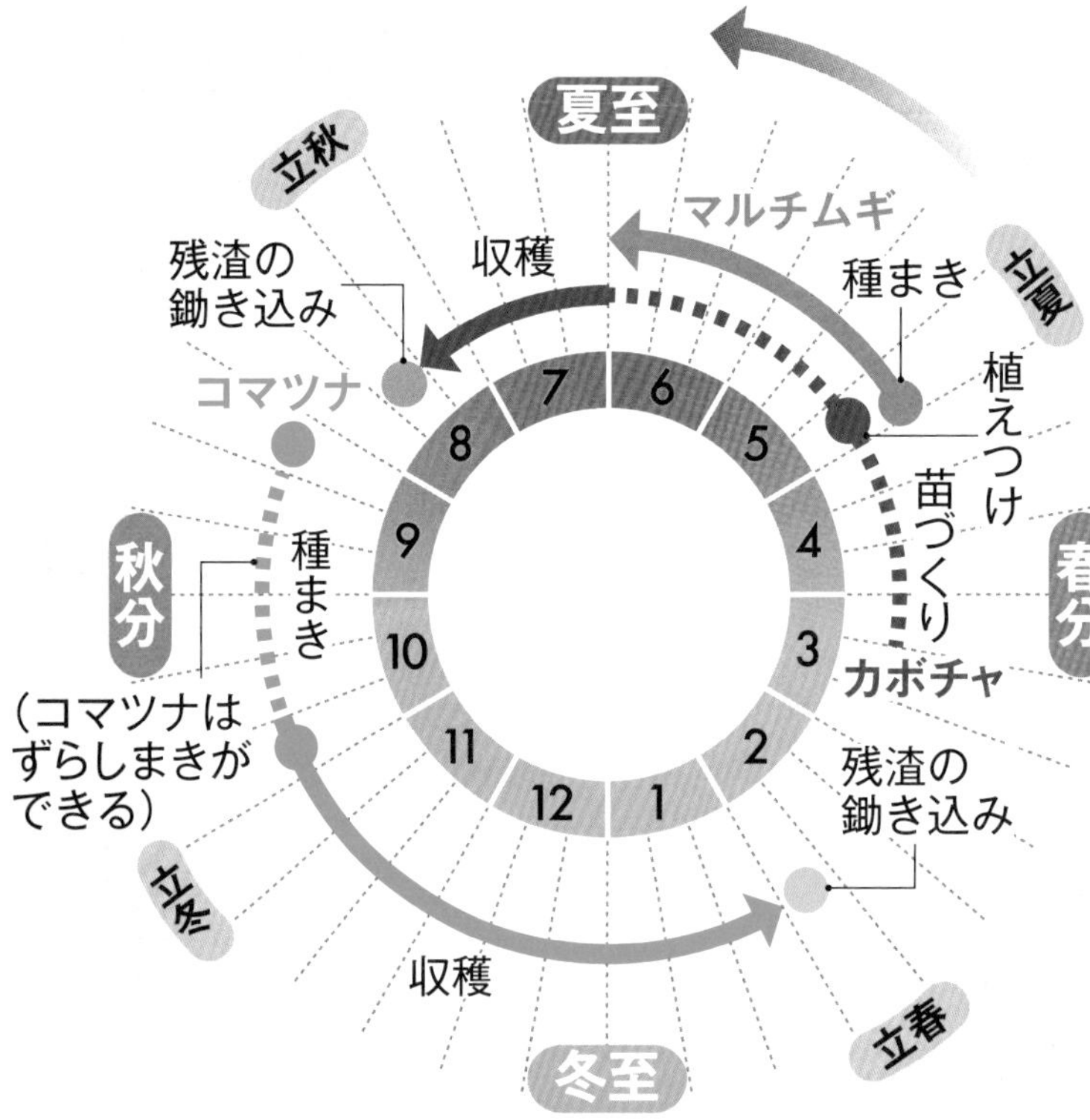

残渣の多い野菜

茎葉のかたいトマトやイネ科野菜、外葉の大きい結球野菜やとう立ち菜などは残渣を多く残す

- ・トマト ・トウモロコシ
- ・エダマメ ・ハクサイ
- ・ブロッコリー ・キャベツ
- ・のらぼう菜 ・アスパラ菜

残渣の少ない野菜

水分を好むナスやウリ科野菜は茎葉の水分が多く、残渣が少ない。また株ごと収穫する根菜類や葉物野菜も残渣があまり残らない

- ・ナス ・キュウリ
- ・カボチャ ・ズッキーニ
- ・エンドウ ・ソラマメ
- ・ニンジン ・ダイコン
- ・タマネギ ・葉物野菜

カボチャ マルチムギ

カボチャの植えつけと同時に、畝の通路全体にマルチムギの種をまく。先にマルチムギが通路を覆い、そこにカボチャがつるを伸ばす。かならず早枯れタイプのマルチムギを選ぶこと

カボチャに先行して通路を覆うようにマルチムギが旺盛に茂る。マルチムギの生育が鈍くなり枯れ始めてくると、入れ替わりでカボチャの果実が肥大してくる

コマツナ

カボチャの収穫は8月上旬には終了する。残渣と枯れたマルチムギをいっしょに鋤き込む。8月は3～4週間で残渣が分解する。9月以降にコマツナの種をまく

マルチムギは6月末までには自然に枯れる。その下には土壌生物が集まり、土の団粒構造が発達していく

循環 セオリー ③

緑肥を間作する

根菜類のダイコンやニンジンは残渣が少ない。

こういう場合は緑肥作物を間作するのがおすすめだ。ダイコンとニンジンを収穫したら、すぐに緑肥作物の種をまくのだ。

ダイコンの連作では、春ダイコンの後作にソルゴー、秋ダイコンの後作にエンバクを組み入れて、年2回転する。ニンジンの場合は収穫後の冬から春にエンバクの種をまいておく。そして5～6月の穂が出始めた頃に鋤き込み、7～8月にニンジンの種をまく。

この間作で、有機物を補うだけでなく線虫害も抑制される。

秋ダイコン・
➡エンバク

ソルゴーが十分に分解したら、秋ダイコンの種をまく。秋ダイコンを収穫後、11月中旬～下旬にエンバクを全面にまいて3月中旬に鋤き込む。1か月熟成させ、春ダイコンの種をまく

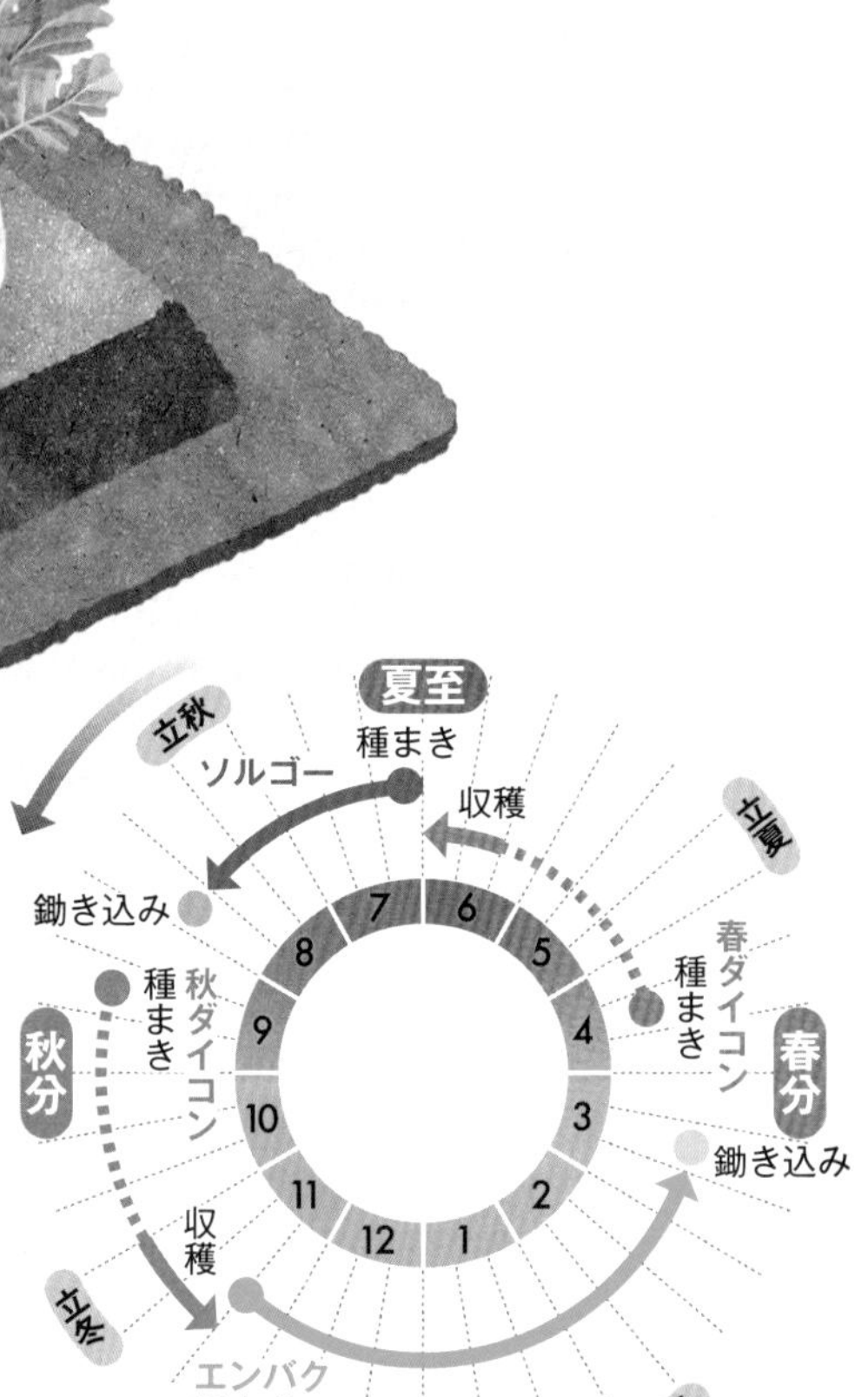

春ダイコン・
➡ソルゴー

4月中旬に春ダイコンをまき、6月に収穫。すぐにソルゴーを全面にまいて8月に鋤き込み、1か月熟成させておく

ニンジンの種をまく前に太陽熱発酵処理にかける

エンバクを鋤き込んだら、太陽熱発酵処理にかける(P.48〜49参照)。雑草の種子が死滅した畝で発芽することで、雑草に弱いニンジンの初期生育がスムーズになる

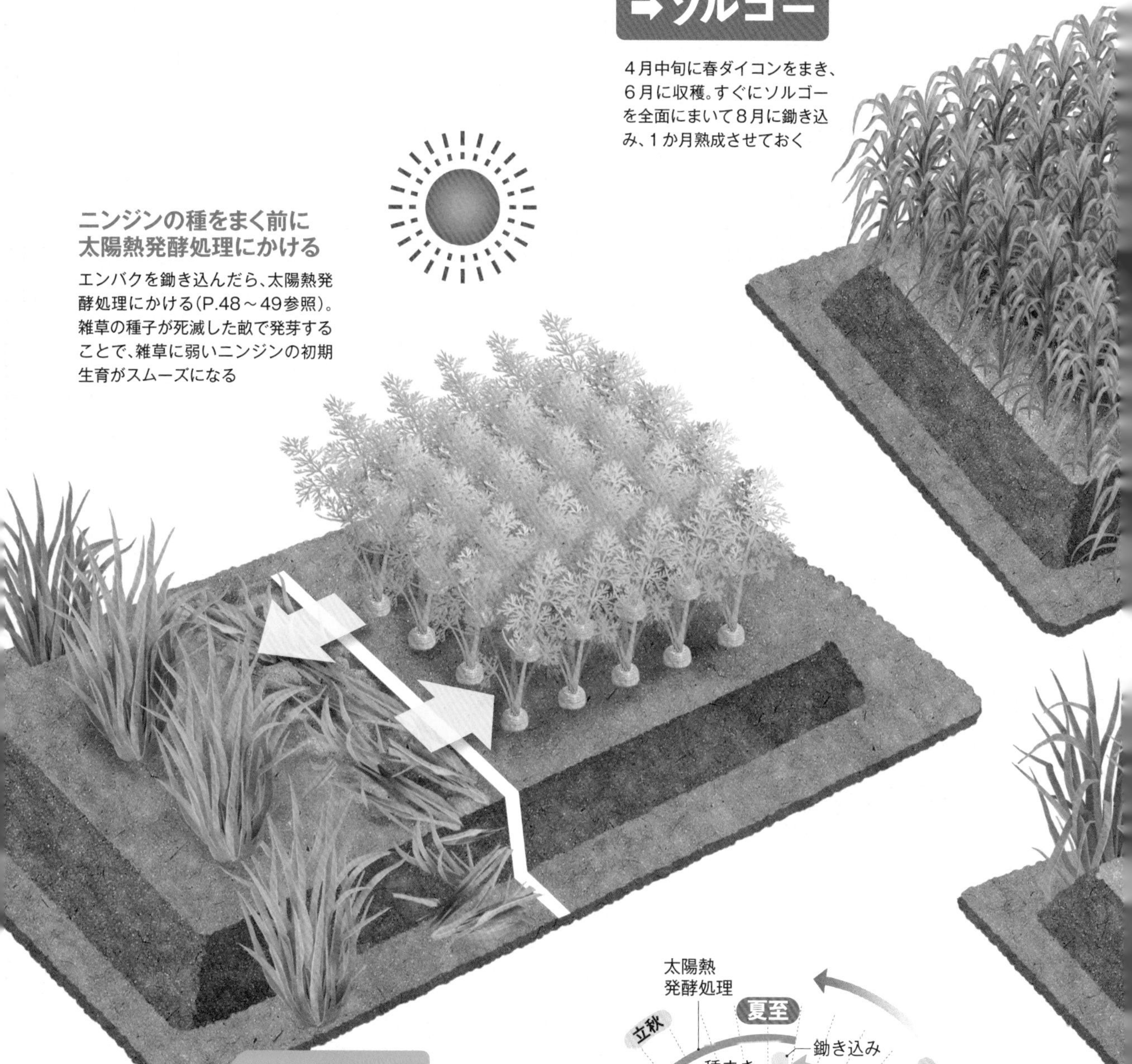

・エンバク
⟷ニンジン

ニンジンは品種によって栽培日数が80〜120日と幅がある。7月中旬〜8月にかけて種をまき、秋から冬に収穫する。その後、冬から春にエンバクを全面にまいて、穂が出てきた頃に鋤き込む

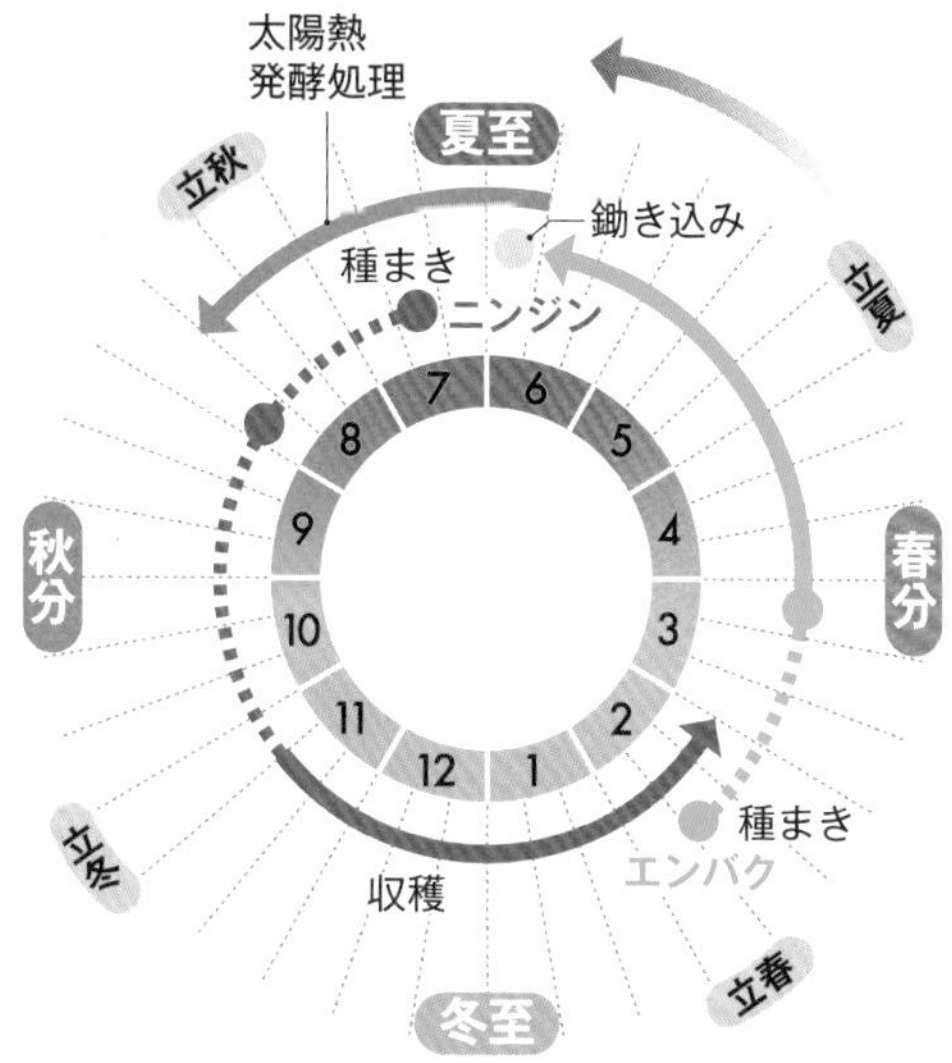

循環セオリー ③

同じ組み合わせの混植を繰り返す

トウモロコシとエダマメは、共に多くの残渣が出る野菜。単独で植えつけてもよいが、混植させることにより、エダマメの根につく根粒菌が空気中の窒素を固定し、それを吸肥力の高いトウモロコシが養分として利用し、生育がよくなる。

トウモロコシの残渣は炭素分を豊富に含み、鋤き込んだあとの畑ではブロッコリーやキャベツが丈夫に育つ。そこに、キク科のリーフレタスを混植するとパーフェクト。アブラナ科を食害する虫を防いでくれる。

トウモロコシは風で受粉する風媒花のため、受粉率を高めるために2条で植える。その条間でエダマメを育てると、スペースの有効活用にもなる

・トウモロコシ　エダマメ

トウモロコシは3月下旬～4月上旬に早まきすると、夏に発生する大敵のアワノメイガを避けられる。エダマメは4月上旬～中旬に種をまく。まだ霜の降りる時期なので、不織布をトンネル掛け、もしくはべた掛けしておく

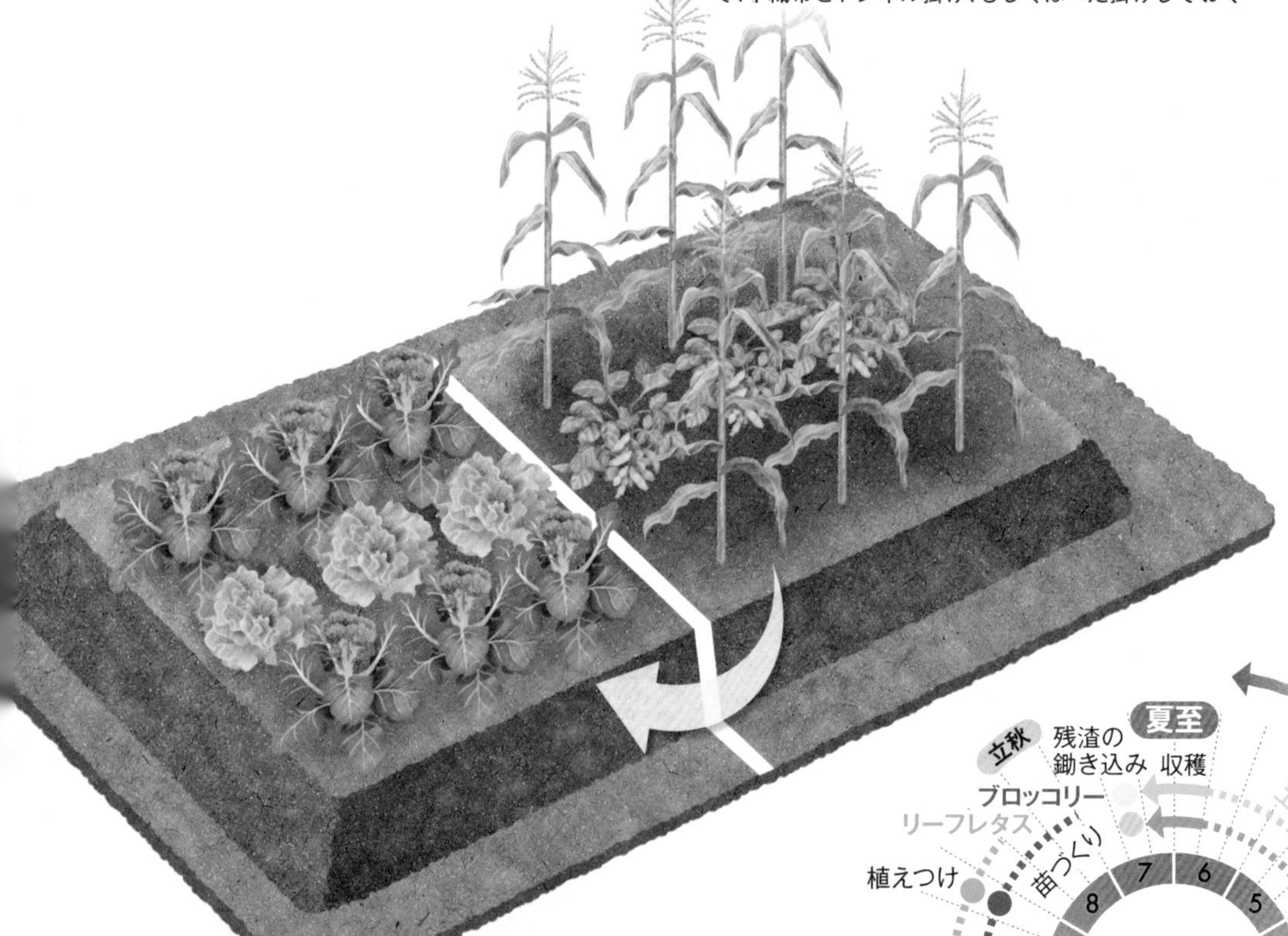

・ブロッコリー　リーフレタス

収穫が終了する7月に、エダマメとトウモロコシの残渣を鋤き込む。その間、ブロッコリーとリーフレタスの苗をつくっておき、8月下旬～9月上旬に植えつける

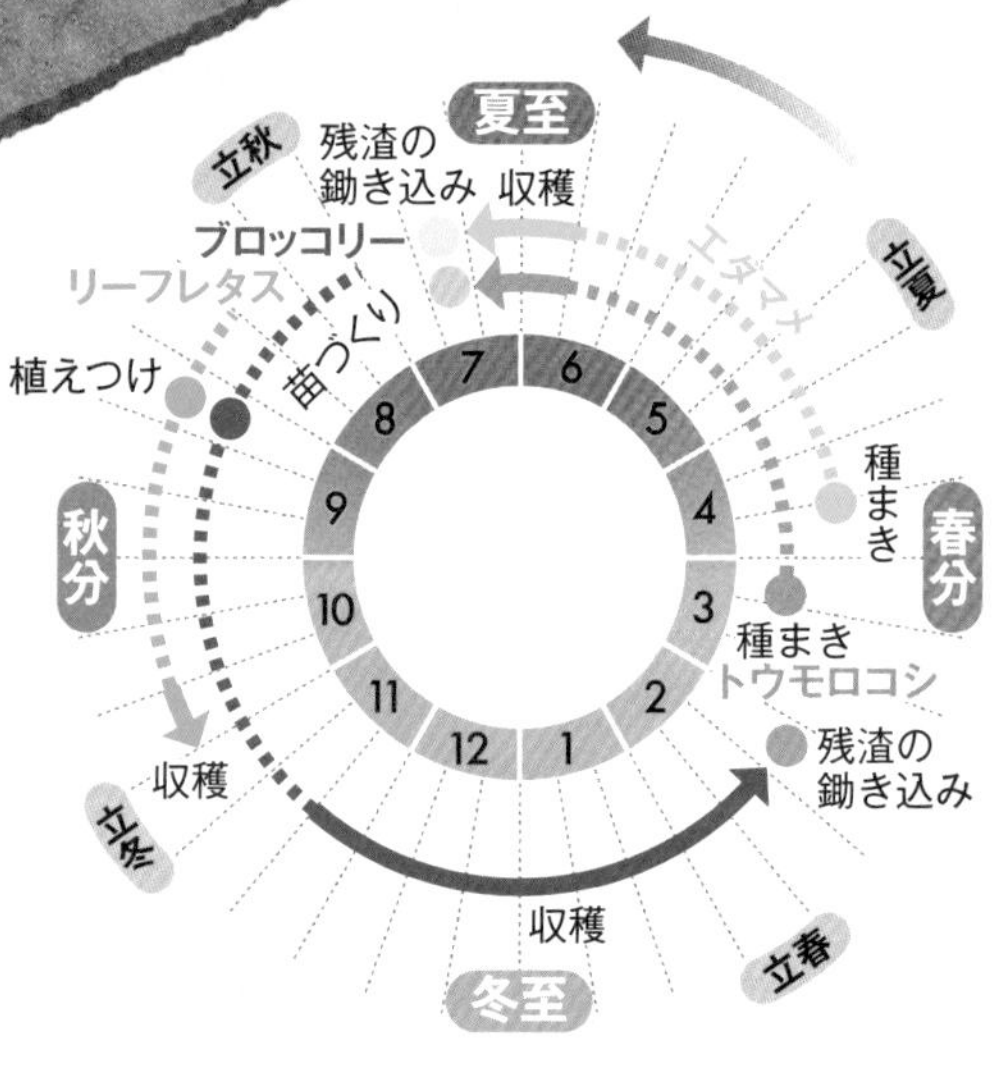

連作向きでない野菜は同じ畝でリレーする

ナスとエンドウは連作が難しい野菜の代表選手。そこで、わたしは連作の難しい野菜同士を組み合わせながら、いろいろな科を組み入れている。「マメ科→イネ科→アブラナ科→ナス科と、入れ替わり立ち替わり育てることで、連作障害の原因となる特定の病害虫を発生させなくする作戦です」

エンドウ　エンバク

11月中旬～下旬にエンドウの苗を植えつけ、エンバクの種を通路にまく。翌春、エンバクが益虫のすみかとなる

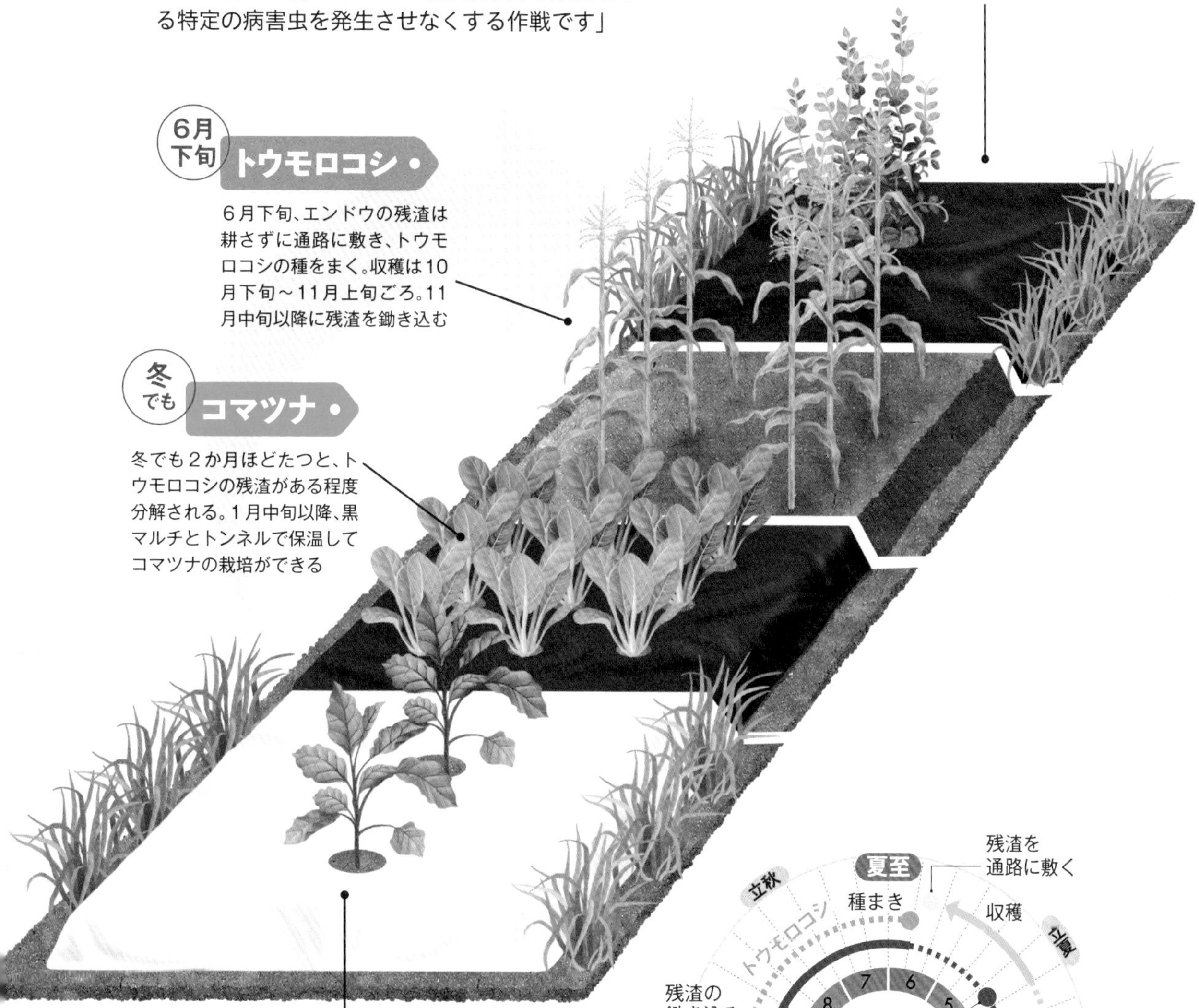

6月下旬　トウモロコシ

6月下旬、エンドウの残渣は耕さずに通路に敷き、トウモロコシの種をまく。収穫は10月下旬～11月上旬ごろ。11月中旬以降に残渣を鋤き込む

冬でも　コマツナ

冬でも2か月ほどたつと、トウモロコシの残渣がある程度分解される。1月中旬以降、黒マルチとトンネルで保温してコマツナの栽培ができる

5月　ナス　エンバク

5月にナスの苗を植える。同時に通路にエンバクの種をまく。9月下旬にナスの残渣を鋤き込み、11月にふたたびエンドウを植えつける

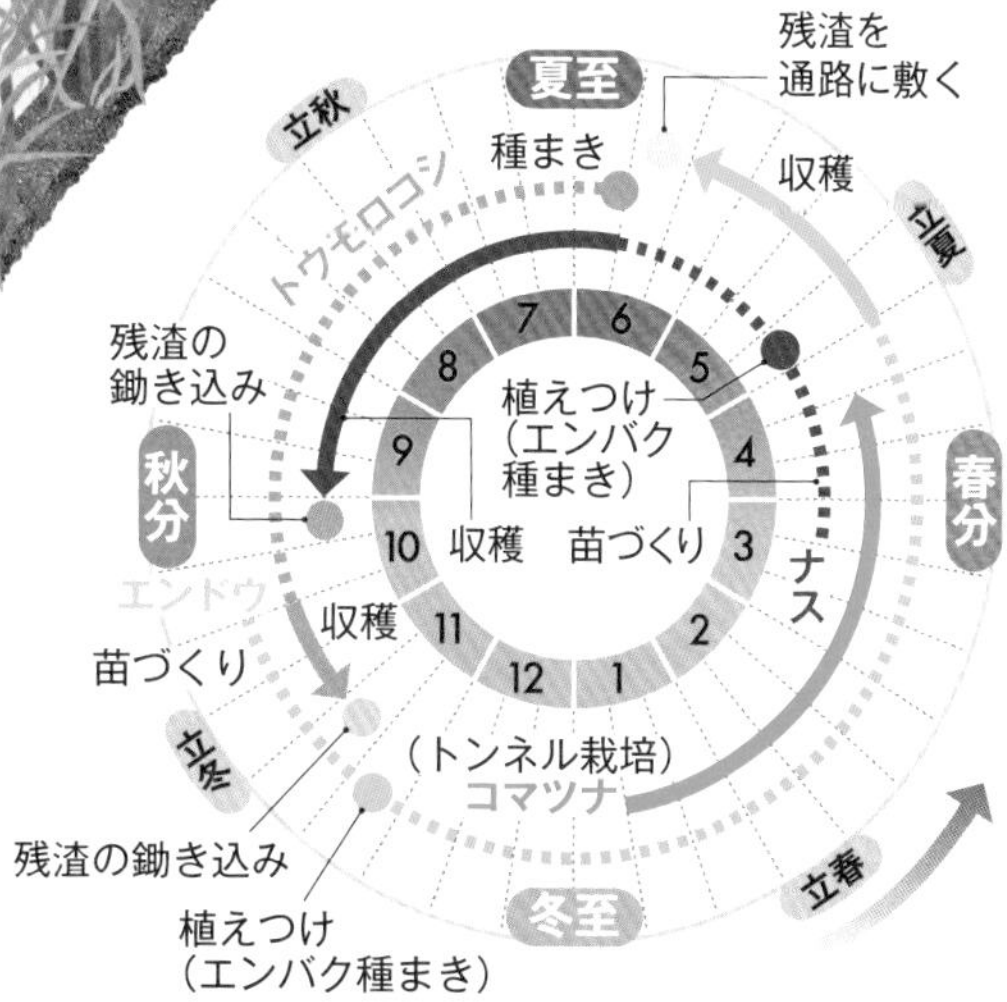

循環セオリー ④

窒素分を加減して病害虫を予防

ソルゴーとエンバクで主因と誘因のリスクを減らす

畑の外周にソルゴー、キュウリやナスなど夏野菜の畝の通路にエンバクを育てる。ソルゴーやエンバクは、テントウムシやクサカゲロウなど益虫のすみかとなり、これらの天敵に捕食されて害虫の数が減る。主因を減らし、畑の生態系が豊かになることで誘因のリスクも小さくなる

循環菜園では、深刻な病害虫はほとんど発生しない。多様な土壌動物や微生物などが畑で共生し、特定の種だけが増殖することを防いでいるからだ。

もちろん、畑に害虫や病原菌がいないわけではない。害虫も益虫も、病原菌も有益菌もいて、たがいにけん制し合っている。だから病害虫が発生しても一部だけで、あまり広がらない。

病害虫を招く要因は、左ページの図のように主因・素因・誘因の3点の重なりによる。この3つが重ならないように管理すれば病害虫の発生は防げる。

たとえば、風通しや水はけの悪い環境を改善すれば誘因が小さくなる。それにより、他の要素との重なりがなければ病害虫は発生しない。

被害を受けた箇所にだけ注目するのではなく、各要因を小さくすることが病害虫のリスクを減らすことにつながる。

畦の雑草も病害虫対策に生かす

クローバーやカラスノエンドウなど花の咲く雑草は、ハチやヒメハナカメムシなどの益虫を呼ぶので、畑の周囲に生えていたらそのまま生かす

納豆のネバネバで野菜の病気予防

納豆菌は有用微生物である枯草菌《こそうきん》の一種。納豆を食べたあと、パックに残ったネバネバも畑に生かそう。ネバネバを水に溶かし、葉面や通路に散布することで、枯草菌の働きで病気予防になる

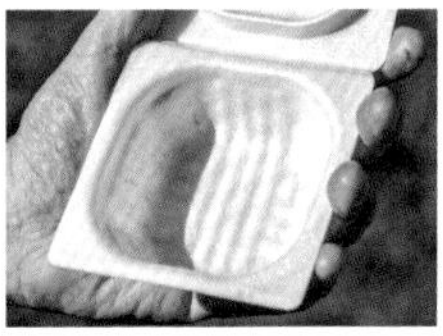

病害虫は3つの要因で発生する

被害葉を取り除く

疫病にかかったトマトの葉など、病気の葉を見つけたら広がる前に切り取って、畑の外に捨てる

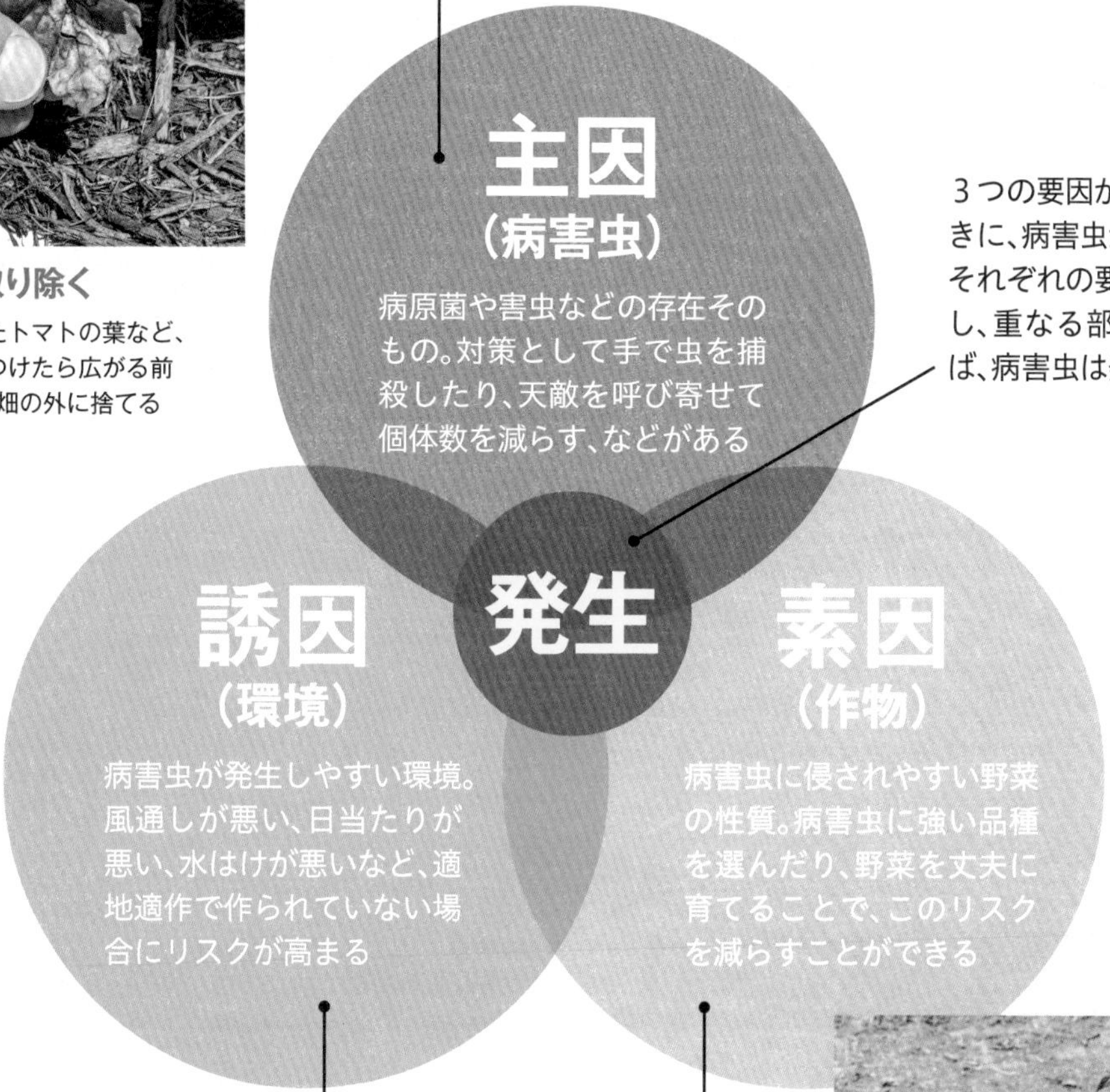

3つの要因が重なったときに、病害虫が発生する。それぞれの要因を小さくし、重なる部分がなければ、病害虫は発生しない

マルチで泥跳ねを防ぐ

マルチを敷き、泥跳ねによる病原菌の飛散を防ぐ。株元にわらや籾殻、バークチップなどの有機物マルチを重ねると、有用微生物が活性化して病原菌の発生を抑える効果が期待できる

抵抗性のある苗を使う

接ぎ木苗や病気抵抗性のある品種を選ぶ。さらに植えつけ前、ＥＭ活性液を1000倍に希釈した水に苗をつけるのも有効。苗に有用微生物を付着させることで、病原菌に強くなる

循環セオリー ④

有機物は、使い方しだいで病害虫を誘発する

ひとくちに有機物と言っても種類はたくさんある。注目すべきは、有機物に含まれる炭素（C）と窒素（N）の割合（C／N比）だ。C／N比の値が大きいと炭素分が多い、値が小さいと窒素分が多い、ということになる。施用にあたり次の点で注意が必要だ。

窒素過剰は素因のリスクを上げる

C／N比が20以下の窒素分の多い有機物を大量に施用すると、土中の窒素分が過剰になる。野菜が余分に窒素分を吸収すると、細胞壁が軟弱になり、病害虫に狙われやすくなる。C／N比が小さい有機物は、窒素分の必要量に応じて施用する。

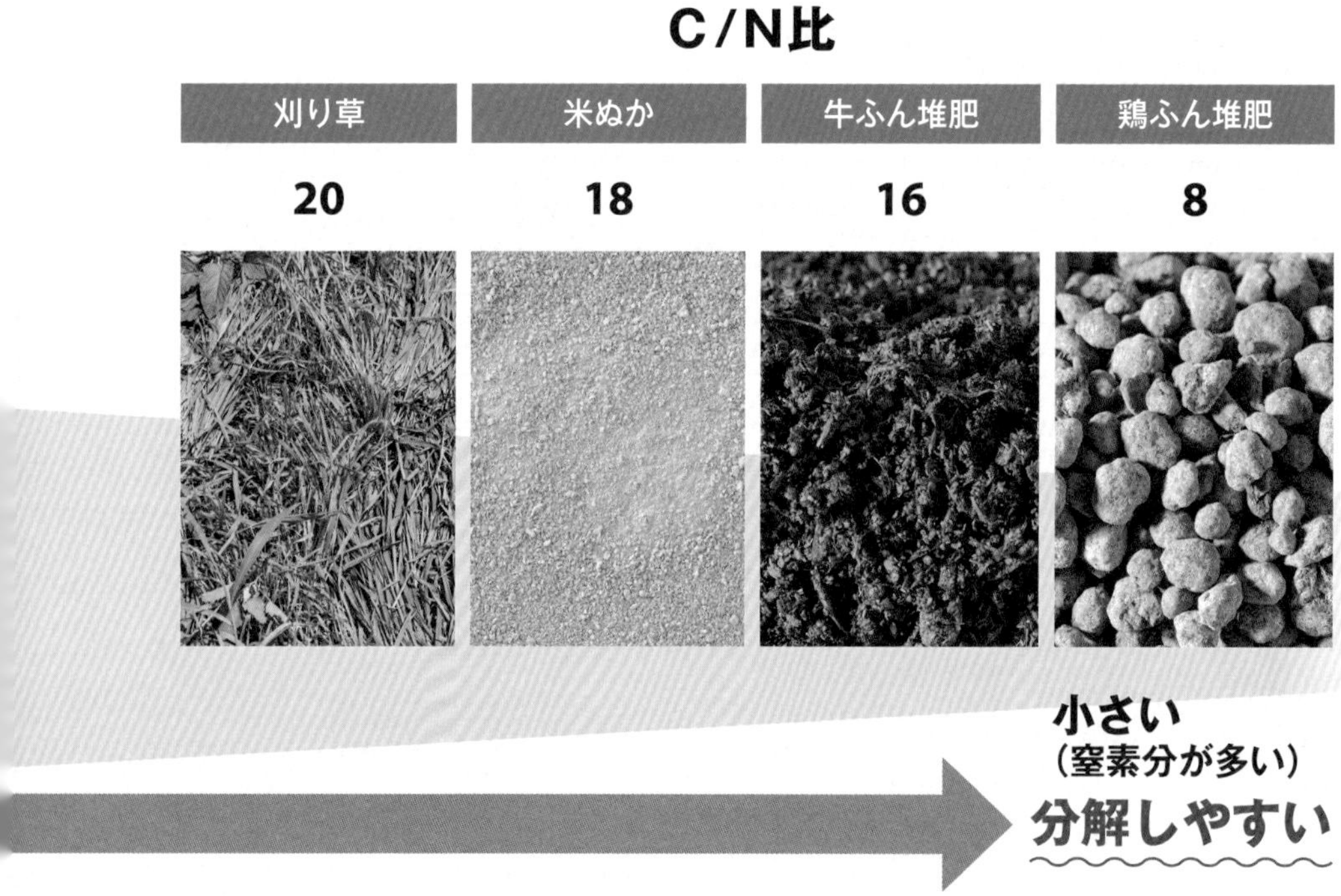

炭素分の多い有機物は野菜を枯らすことも

ソルゴーなどの炭素成分は分解しやすく、たくさん鋤き込むと微生物が活性化し、その途中で野菜を植えると枯れてしまうことがある。一方、木質チップや籾殻などの炭素成分は分解しにくく、大量に入れすぎると分解過程で土中から窒素を奪う「窒素飢餓」を起こしてしまう。分解が終わるまで時間をあけてから野菜を植える必要がある。

畑を観察しながら葉を折り取って味見する

畑で野菜の生育を観察するさい、しばしば葉を折り取って味見をする。葉をかじってみると、野菜の生育状況や土の状態がよくわかる。えぐみや苦みが強ければ、野菜が窒素分をため込んでいる証し。畑では手や足だけでなく、舌も使おう

循環《じゅんかん》セオリー④

おいしい野菜ほど虫を寄せつけない

窒素分が多いと細胞壁が薄くなり、虫に食べられる

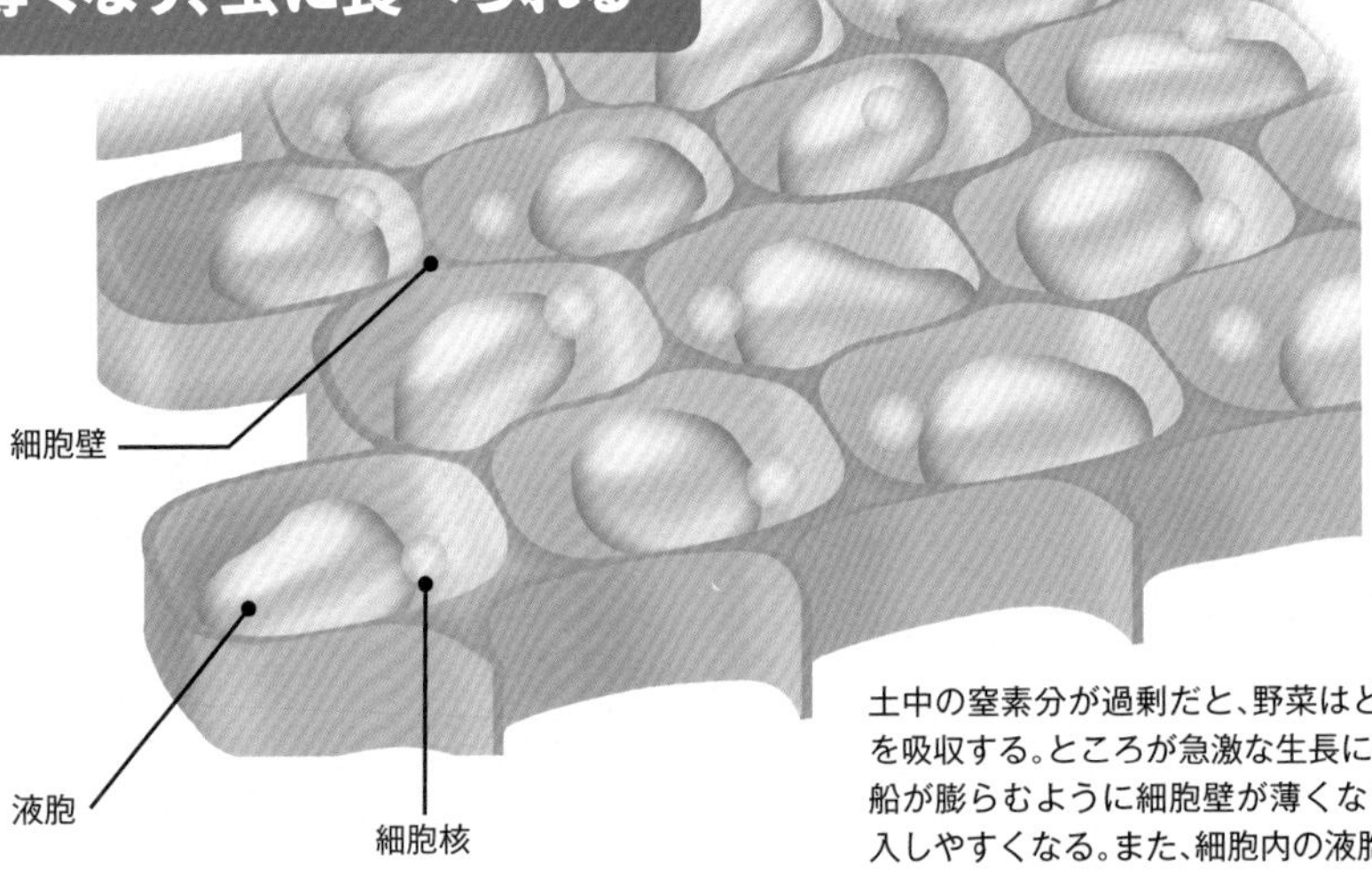

土中の窒素分が過剰だと、野菜はどんどん窒素分を吸収する。ところが急激な生長に追いつかず、風船が膨らむように細胞壁が薄くなり、病害虫が侵入しやすくなる。また、細胞内の液胞に硝酸塩などの形で窒素分が蓄積し、えぐみや苦みが強い食味の野菜になる

窒素分が少ないと細胞壁が厚く育ち、虫を寄せつけない

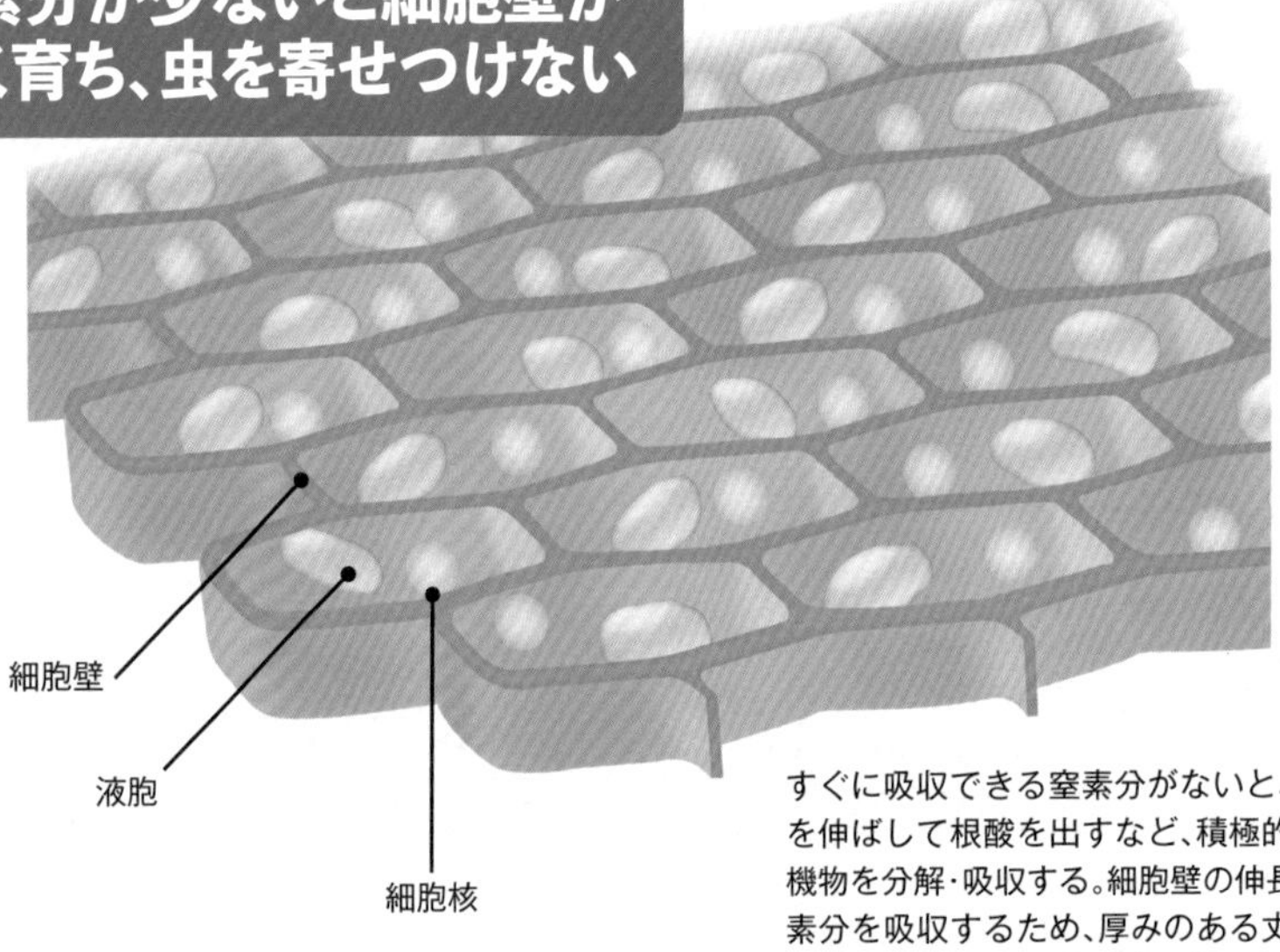

すぐに吸収できる窒素分がないと、野菜自身が根を伸ばして根酸を出すなど、積極的に活動して有機物を分解・吸収する。細胞壁の伸長に見合った窒素分を吸収するため、厚みのある丈夫な細胞壁がつくられ、簡単には病害虫に侵入されない

「虫に食べられるのは、おいしい野菜の証拠」とよく言われるが、これは大きな間違い。虫に食べられるのは、その野菜が軟弱で健全に育っていないから。

窒素分の多い土で育てた野菜は、窒素を吸収しすぎて生育過剰、つまり〝メタボ〟になっている。見た目は大きくても、風船が膨らむように細胞壁が薄くなってしまうため、病害虫に侵入されやすくなる。

窒素を多くため込んだ野菜は、えぐみや苦みが強く、人間にとっては食味がいまいちだ。

一方、窒素分が控えめな土で育った野菜は細胞壁が厚くなり、病害虫が侵入しづらい。細胞内にとどまる窒素分が少なく、えぐみや苦みも抑えられる。

土中にすぐ吸収できる窒素分が少ない環境では、野菜自身が根を伸ばし、苦労して養分を吸い上げようとする。つまり、運動しながら適度な量の食事をとれるわけだ。

畑の窒素分が多いか少ないかは雑草の葉色と見比べるとわかる

畑のまわりに生える元気な雑草の葉色が、適度な窒素分を吸収しているかどうかの目安になる。畑の野菜が雑草とほぼ同じくらいの葉色なら、畑の窒素分は適正。雑草よりも葉色が濃ければ窒素過剰、薄ければ肥料分が不足している可能性がある

窒素分を適正化する酢とみそ汁の葉面散布

散布は両面に行う

葉の裏側に気孔がたくさんあるので、葉面散布をするさいはまず葉裏からスプレーし（左）、その後表側にも散布して（右）、両面にかかるようにする

葉色が濃い場合は酢で代謝促進

野菜の葉色が濃く窒素過剰の可能性がある場合、500～1000倍に水で薄めた酢を早朝または夕方に葉面散布する。代謝が促進されて窒素のため込みが解消される

葉色が薄い場合はみそ汁で栄養補給

野菜の葉色が薄かったら、肥料分が不足している可能性がある。残り物のみそ汁を水で5倍に薄めて、早朝または夕方に葉面散布する。みそ汁に含まれるアミノ酸などが供給されて、葉色が復活する

循環
セオリー
5

畑の土の状態を「見える化」する

循環菜園を始めるうえで、もっとも重要視すべきは土だ。現在、土がどのような状態かによって元肥や堆肥がどの程度必要なのかが違ってくる。そのため、土の状態を「見える化」することがだいじとなる。

わたしたち生産者であれば、土を専門機関に送ってさまざまな成分を数値化して、土の状態を把握する。でも、家庭菜園ではそこまでできないのが実態だ。

では、どうすれば家庭菜園でも土の状態を「見える化」できるのだろうか？

じつは、ホウレンソウとハクサイのできで土の状態がわかる。ホウレンソウの生育が悪ければ土が酸性に傾いている可能性が高いし、ハクサイが結球しなければ総じて地力が低い、ということになる。

地力は「土の生産力の高さ」を表す。地力が低ければ作物の育ちは悪く有機物の循環もままならないため、まずは元肥や堆肥を施す必要がある。

地力を左右する三要素

野菜づくりにおける「よい土」とは「地力の高い土」と表現できる。地力が高いか低いかは3つの土の性質が備わっているかどうかで決まる。いわゆる「化学性」「物理性」「生物性」だ。残渣と緑肥作物を鋤き込んで有機物を循環させることで、この3つが整えられ、年々地力が高くなっていく

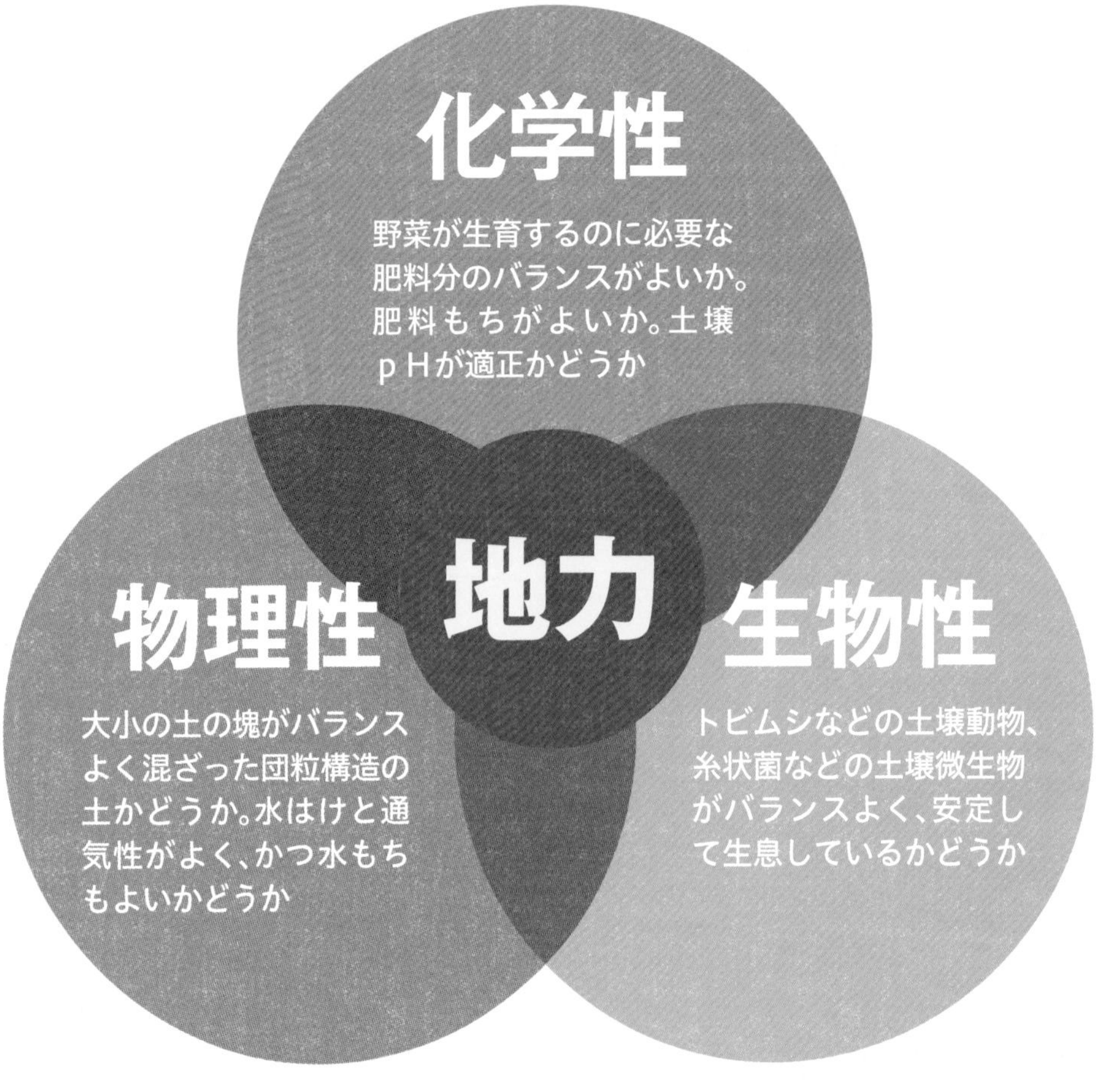

野菜のできばえで、土のよしあしが判断できる

いくつかの野菜の育ち方を見れば、土の状態がわかる。育てながら、よりよい土へと改良を重ねよう。

ホウレンソウが育つか

ホウレンソウはとくに酸性土壌が苦手で、pH6.3〜7.0のほぼ中性の土壌で育つ。ホウレンソウが育たなければ、土が酸性になっている可能性が高い（右下）。苦土石灰などで酸度調整する必要がある。

ハクサイが結球するか

もしハクサイが結球しなければ（右下）、地力が低い可能性があるので、作付けの前に肥料分を施す必要がある。ハクサイが結球すれば（右）地力は十分。残渣の鋤き込みだけで肥料分は補える。

コマツナでも確かめられる

ハクサイが結球するまで2〜3か月かかるため、簡易的に同じアブラナ科のコマツナで地力を確認してもよい。左の写真のように、コマツナが健全に育てば一定の地力があると確かめられる。

循環セオリー 5

作土層の深さを確かめる

土の状態を確かめるうえでは、作土層の深さも重要な指標になる。ショベルで畑の土を掘ってみよう。刃先がさくっと入る層が作土層で、植物が根を伸ばす場所だ。深さが30㎝あれば合格。

作土層が浅く、すぐにカチカチの硬盤層に当たってしまう場合は、野菜が根を十分に伸ばすことができないため、植えつけ時に高畝にするなどの対策が必要となる。

作土層は30㎝あれば合格

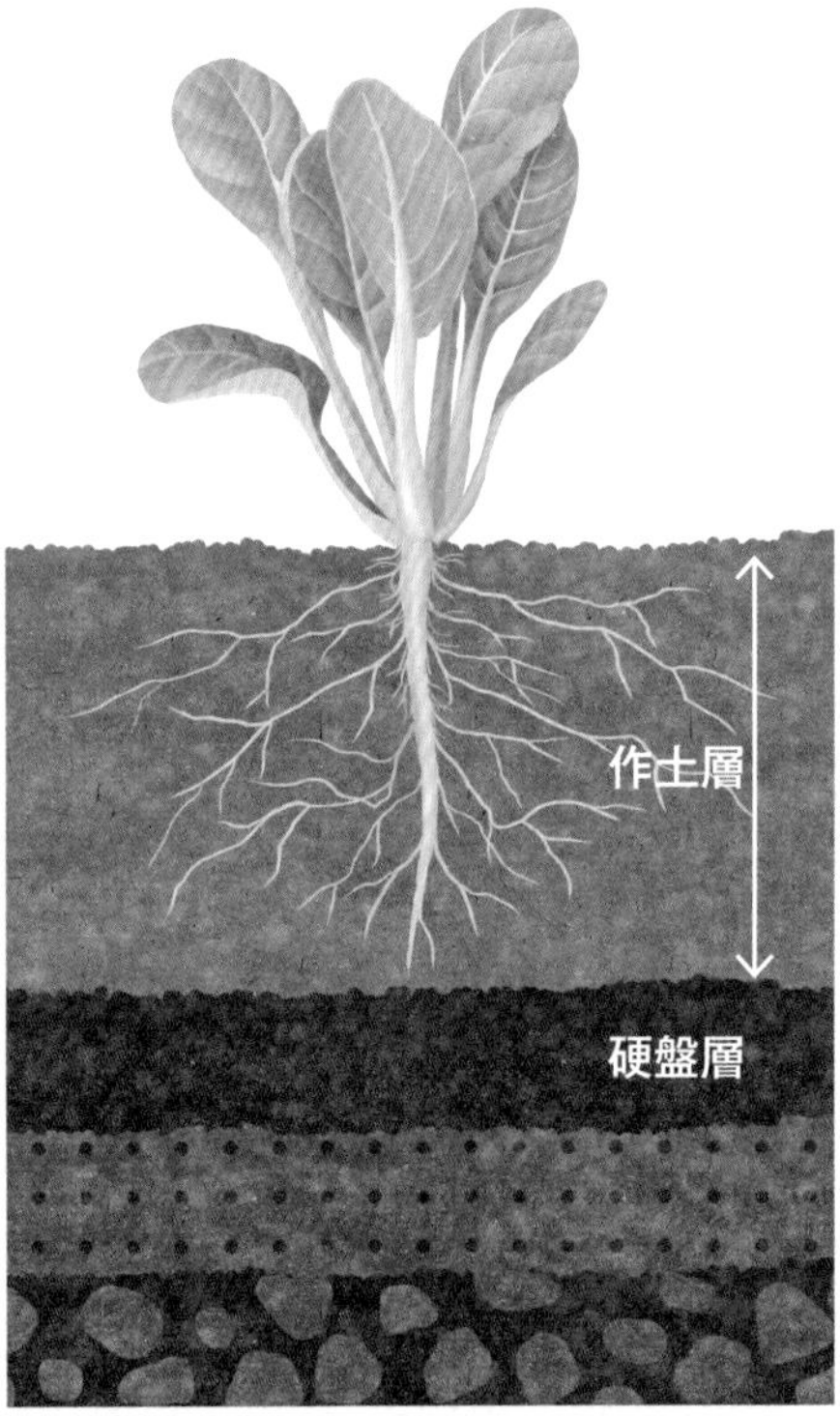

作土層が浅いと野菜は育たない

作土層が十分

深さ30㎝ほどの十分な作土層で育つキャベツは、健康な株になる。たっぷりの土の中で根量を増やし、広範囲から養分や水分を吸収できるため生育がよい。すると細胞壁も丈夫になり、害虫や病原菌の被害に遭いづらい

指で土をこねて 砂質か粘質かをチェック

作土から土を採取し、少し湿らせた土を指でこねてみよう。棒状に固まらなければ砂質土、マッチ棒よりも細く棒状になれば粘質土と判定できる。こうした土は完熟堆肥を鋤き込むなどして、物理性を改善する必要がある。鉛筆くらいの太さでまとまるものが、砂と粘土のバランスがよい土（壌《じょう》土《ど》）となる

作土層が浅い

深さ10㎝程度の浅い作土層で育つキャベツは、虫の食害で葉がボロボロ…。これは根をしっかり伸ばせていないことが原因。根が養分や水分を吸収する力が弱く、貧弱な姿になる。細胞壁が弱く、害虫に食べられやすい

循環
セオリー
6

育苗➡苗の移植が好循環を生む

多くの野菜は苗づくりをしてから畑に植えたほうがよく育つ。その大きな理由は、初期生育の失敗を回避できるから。苗を移植して確実に根を張らせることで茎葉はしっかり伸び、大きく丈夫に育っていく。

人間でいうと、発芽したばかりの子葉は赤ちゃん、苗は小学生にたとえることができる。小学生くらいなら、おなかが空いたら自分でご飯を食べようとするし、虫が飛んできたら手で払おうとする。野菜も同じで、苗は活着するとみずから畑の環境に合わせて生長しようとするのだ。

また苗で管理することで、もっとも適した時期を見計らって畑に植えつけることもできる。

たとえば、夏野菜は4月下旬ごろの遅霜で枯れることがあるが、5月に入り立夏を過ぎると遅霜の危険性がほぼなくなる。

苗を育てておけば、時期をある程度調整して畑に植えつけることができる。

じかまきすると…

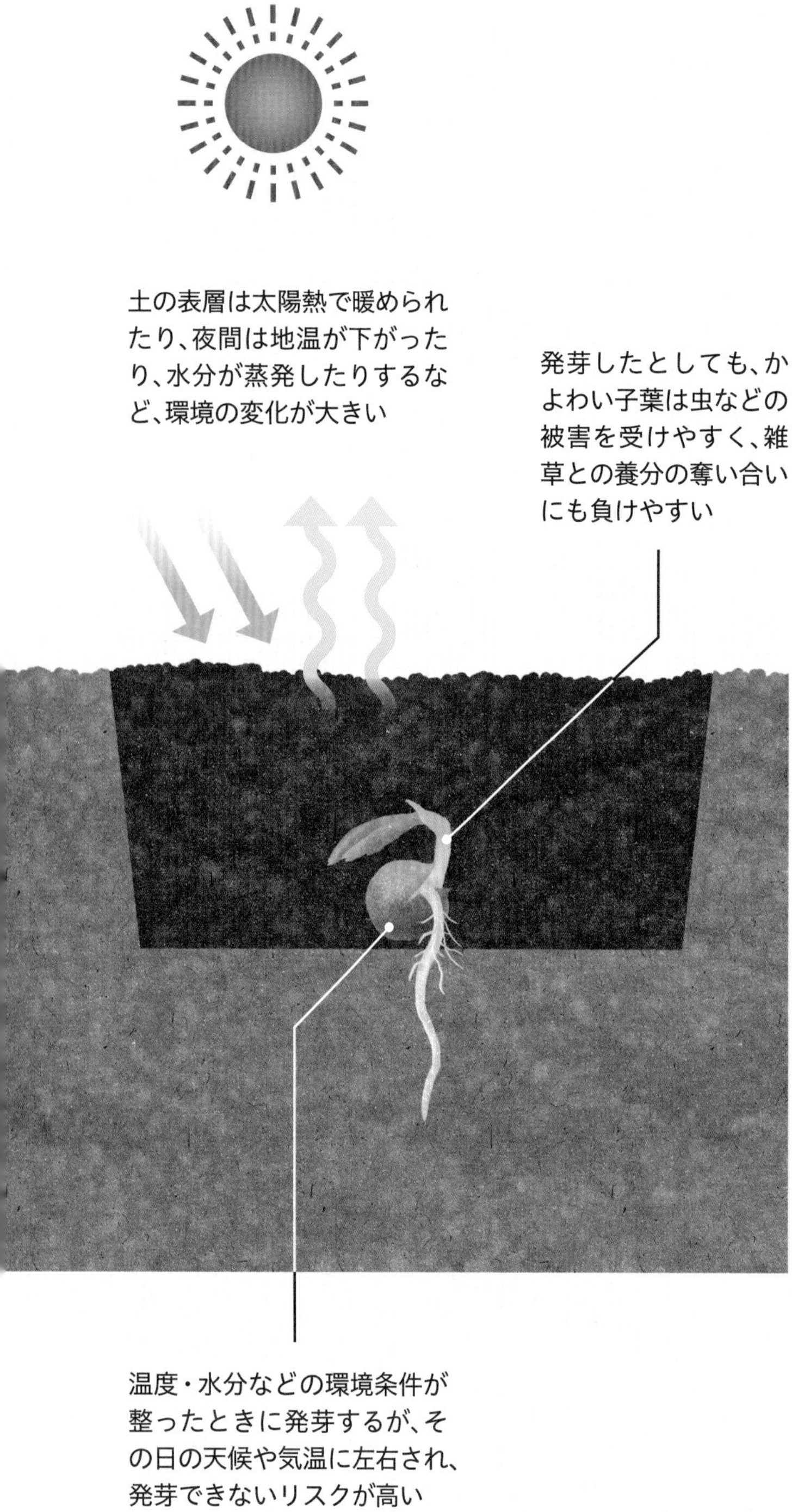

じかまきに
向いている野菜

集団で種がまかれることで、競い合っていっせいに発芽する野菜は、じかまきから始める

・ニンジン　・ダイコン
・ゴボウ　・ホウレンソウ
・コマツナ　・シュンギク
・チンゲンサイ　・カブ

じかまきでもよいが
苗からだと有利な野菜

種が大きく鳥に狙われやすい野菜、発芽率の悪い野菜などは、なるべく苗から始める

・エダマメ　・トウモロコシ
・オクラ　・ゴーヤー
・ハクサイ　・ソラマメ
・エンドウ　・タマネギ

苗の植えつけに
向いている野菜

収穫までの期間が長い野菜、初期に虫の食害に遭うと極端に収量が落ちる野菜は、苗から始める

・トマト　・ナス
・ピーマン　・キュウリ
・カボチャ　・ズッキーニ
・キャベツ　・ブロッコリー

苗を移植すると…

植えつけ適期の苗は、茎葉がある程度かたくなり、害虫や病原菌への抵抗性も徐々に身に付いている

根が活着するとみずから養分を求めて根を伸ばし、スムーズに生育する。雑草との養分の奪い合いにも負けない

循環
セオリー
6

頑強な苗をつくるポイント

苗をつくるポイントは、土と水分。コツをつかんで、頑強な苗を育てよう。

培土に鹿沼土を混ぜて肥料分を抑える

トマトなど痩せ地に適応した野菜は１割の鹿沼土を混ぜ、肥料分を薄めた培土で育てる。マメ科では２割の鹿沼土を混ぜる。肥料分の少ない環境で育つことで、みずから養分を取りに行こうと根を伸ばす力が強くなる

キャベツの仲間はあえて老化させる

内田さんはキャベツやブロッコリー、カリフラワーの育苗期間を、通常20日のところ倍の40日間かけて育苗する。苗をわざと老化させると、葉の表面のワックス層が厚くなり、虫を寄せつけない“スーパーセル苗”になる

防虫ネットの中で育てる

発芽直後の子葉は虫に狙われやすい。少しでも食害を受けるとその後の生育も悪くなる。セルトレーやポットに種をまいたら、防虫ネットや寒冷紗を掛けて、虫の飛来をシャットアウト

水やりは光合成が始まる前に

水やりは朝たっぷり、夕方は乾かしぎみに

水やりのタイミングは頑強な苗をつくる最大のポイント。晴れた日は早朝にたっぷり水をやり、夕方は乾きぎみにする。曇りの日は水やりを控える。光合成が十分できないときに水分が多いと、苗がヒョロヒョロになる

表面を鹿沼土で覆い、水やりのむらをなくす

種まき直後の水やりが発芽のカギを握る。水やりのむらができるのは厳禁。種をまいたあと、培土を鹿沼土で覆ってから水をやる。鹿沼土は湿ると黄色が濃くなり、乾くと白っぽくなるため、その色を見て水やりのむらを防げる

移植後の活着をよくするポイント

苗がよくても、畑にうまく活着するのには条件がある。

まずは“どぶづけ”

植えつけ２時間前に根鉢を水につける「どぶづけ」を行う。数十秒間水につけて、泡が出なくなったら引き上げて日陰に２時間置く。植えつけ後の環境変化に強くなり、しおれにくくなる

植え穴に水を注ぐ

植え穴に水を注いでから苗を植えつける。まわりの土が乾いていると、根鉢の水分が吸い取られて活着が悪くなる。夏野菜の植えつけでは、土に多少の湿りけがあっても、水を注ぐことがだいじ

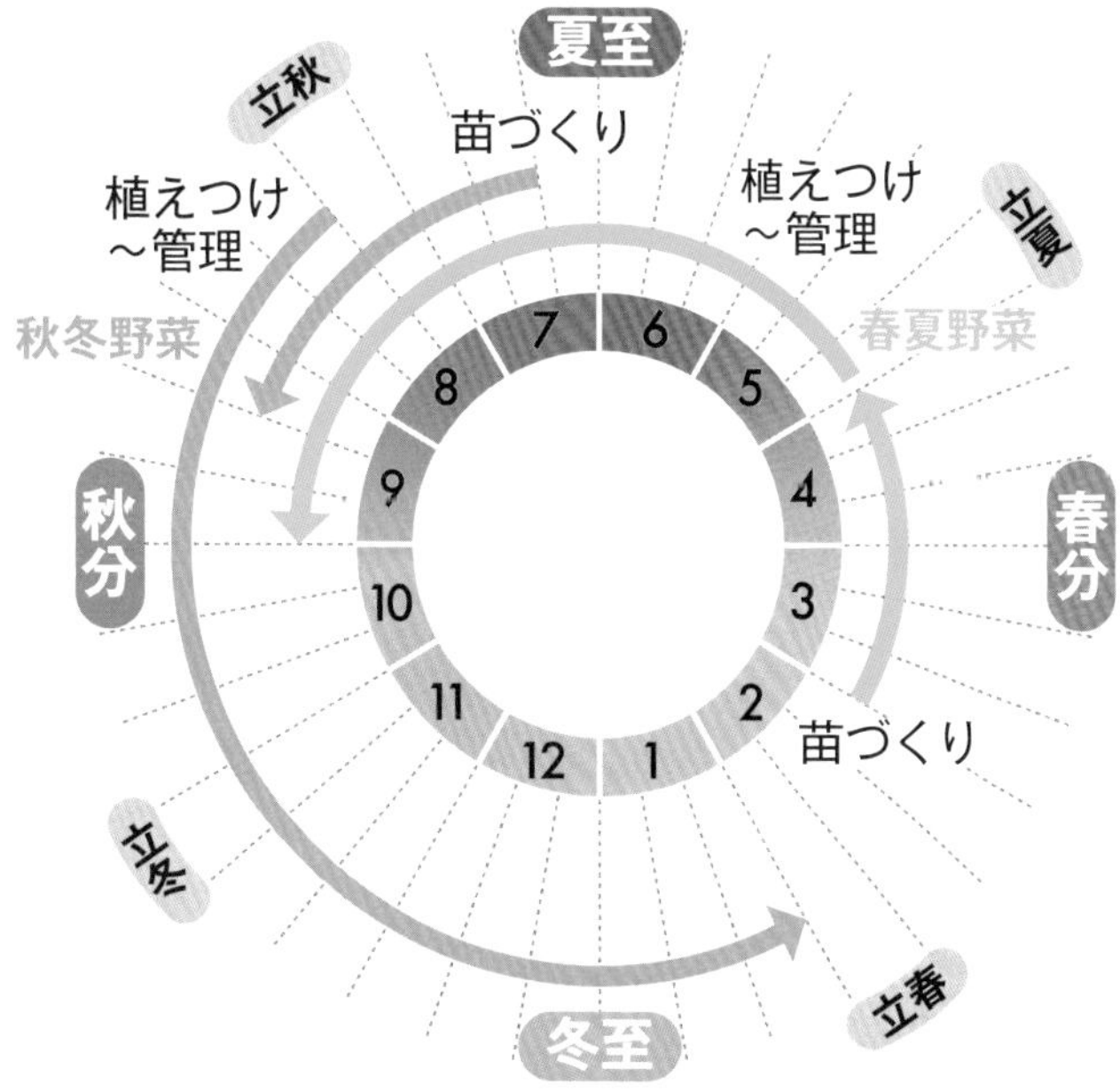

循環
セオリー
7

連作を続けると地力が増す

通常は元肥や追肥が欠かせないタマネギを、無肥料で育てる。連作を繰り返すたびに、充実した球をとれるようになってきた

連作による土づくりの効果について、実際に連作しているタマネギ畑を例に解説する。タマネギと緑肥作物のソルゴーのリレーを、毎年繰り返している畑だ。

下のグラフは、専門機関に依頼している土壌診断の中から、この畑の窒素量推移を示したもの。年々増加しているのがひと目でわかる。

縦軸の5のラインは、畑の土100g当たり5㎎の窒素量が含まれている、ということを意味している。このラインを超えると無肥料でタマネギが育つ、というのがわたしの経験知である。

しかし、単に窒素量が増えればよいわけではない。植物残渣や動物の遺骸といった、有機物由来の「可給態窒素」が増えていることが重要なのだ。

可給態窒素は別名〝地力窒素〟と呼ばれている。野菜がすぐに吸収できる養分ではないが、微生物の働きかけがあれば野菜が吸収しやすい形に変わる、いわば〝未来の養分〟だ。

化学肥料を用いた栽培においても、堆肥や緑肥を併用することで、地力の3要素（物理性・生物性・化学性）が向上し、減肥につながる。緑肥を活用した連作技術は、持続可能な農業を営むうえで、最重要な技術と言えるのではなかろうか。

“大きな循環”で土が肥える

※タマネギを連作した内田さんの畑の窒素量推移

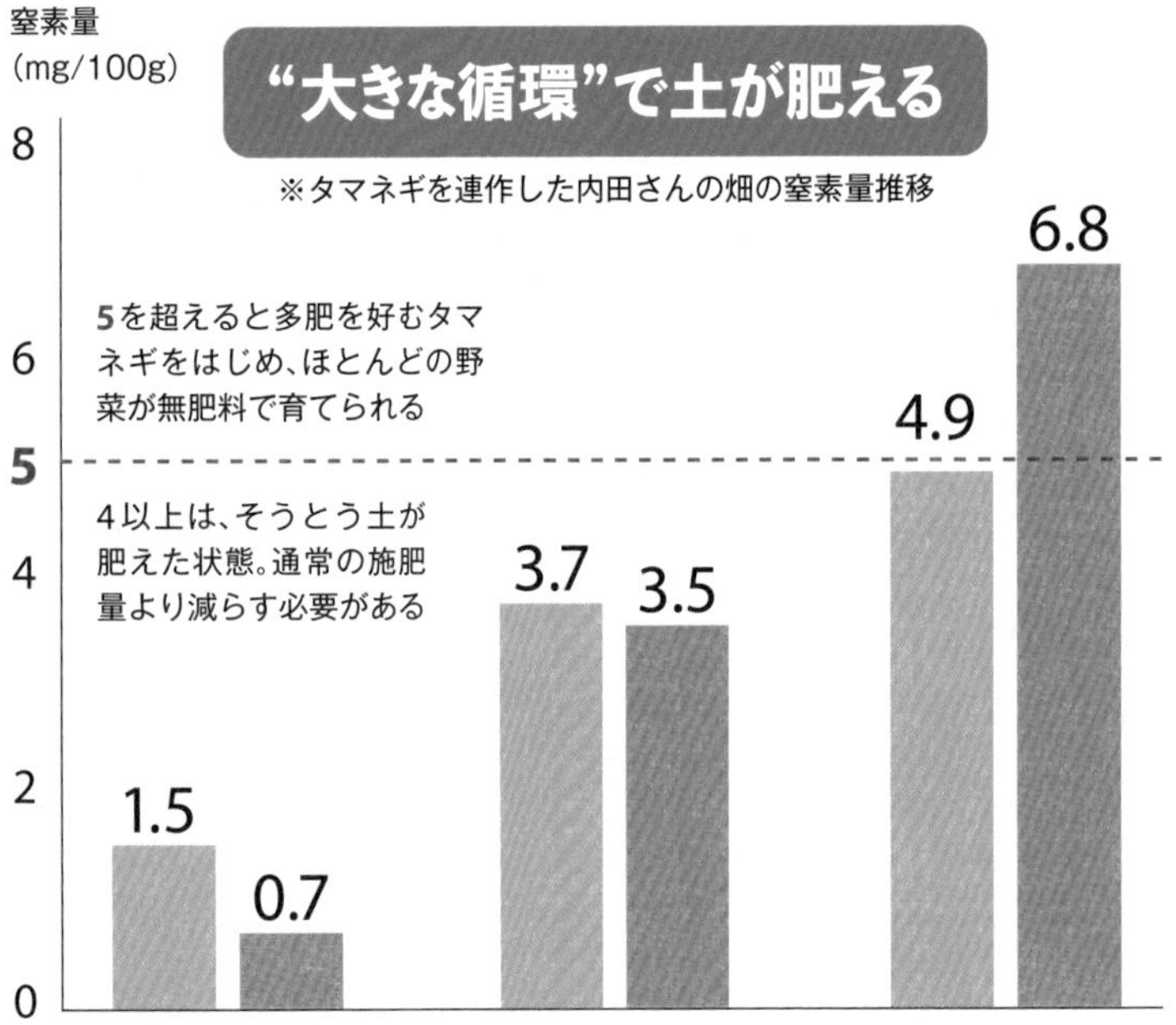

可給態窒素

動植物の遺骸など、有機物を由来とする窒素の一種。野菜は直接吸収できないが、微生物の働きかけで数か月後に野菜が吸収しやすい形に変わる

硝酸態窒素

多くの野菜が好んで吸収する窒素。水に溶けやすく、硝酸イオンの形で野菜の根から吸収される

連作1年め

もともと耕作放棄地だった畑を開墾し、すぐにソルゴーを育てて鋤き込んだ、連作開始直後の畑。可給態窒素、硝酸態窒素ともに少ない痩せた畑

連作3年め

10月～6月にタマネギ、夏にソルゴーの作付けを2回繰り返して3年めに入った。可給態窒素、硝酸態窒素ともに増え、着実に地力が上がっている

連作5年め

タマネギとソルゴーの連作を4回繰り返して5年め。可給態窒素、硝酸態窒素ともに増え、無肥料でタマネギを育てられるだけの地力を獲得できた

タマネギの収穫後に育てるソルゴーの残渣が、可給態窒素の大きな供給源の一つになる

実践している タマネギ連作のサイクル

スタート

5年前、耕作放棄地の開墾からスタート。生い茂る草木の伐根をして、畑にしていった

堆肥をたっぷり鋤き込み、ソルゴーの種をまいた。最初に使う堆肥や肥料は連作の元手になる

夏、ソルゴーが青々と茂る。ソルゴーが大きく育つほど有機物の量は増えて、連作しやすくなる

出穂直前のソルゴーを刈り倒して鋤き込む。これで有機物をたっぷり土壌に還元できる

ソルゴーを鋤き込んだら土を熟成させて残渣の分解を待つ。夏なら3～4週間で分解が完了する

ソルゴーの残渣が分解されたら、畝を立てて黒マルチを張り、タマネギの苗を植えつける

翌春、しっかり肥大したタマネギを収穫(下)。収穫時に出た残渣は通路に敷いて土に還す(上)

タマネギの収穫を終えたら、ふたたびソルゴーの種をまく。これを繰り返すことで、肥料を使わずにタマネギを育てている

循環セオリー ⑦

連作を続けると病害虫が減る

連作の効果は、地力が高まるだけではなく、病害虫の発生も年々抑えられるようになる。

同じパターンの作付けを繰り返すことで、野菜と土壌生態系の共生関係がずっと継続していくので、特定の害虫や病原菌がはびこることも少なくなっていく。

もちろん、畑から害虫や病原菌が完全にいなくなるわけではない。だが、さまざまな生き物と共生することにより、発生しても爆発的にふえることがない。

ただし、いちど連作を始めたらやめないことがだいじだ。

その場所で育てることにした野菜のために、せっかく土壌環境を整えたのに、作付けをやめてしまえば次作に引き継ぐことができない。同じ作付けを続けることで、前作の土壌環境が次作に引き継がれる。

わたしは連作による野菜づくりを〝命のリレー〟だと考えている。

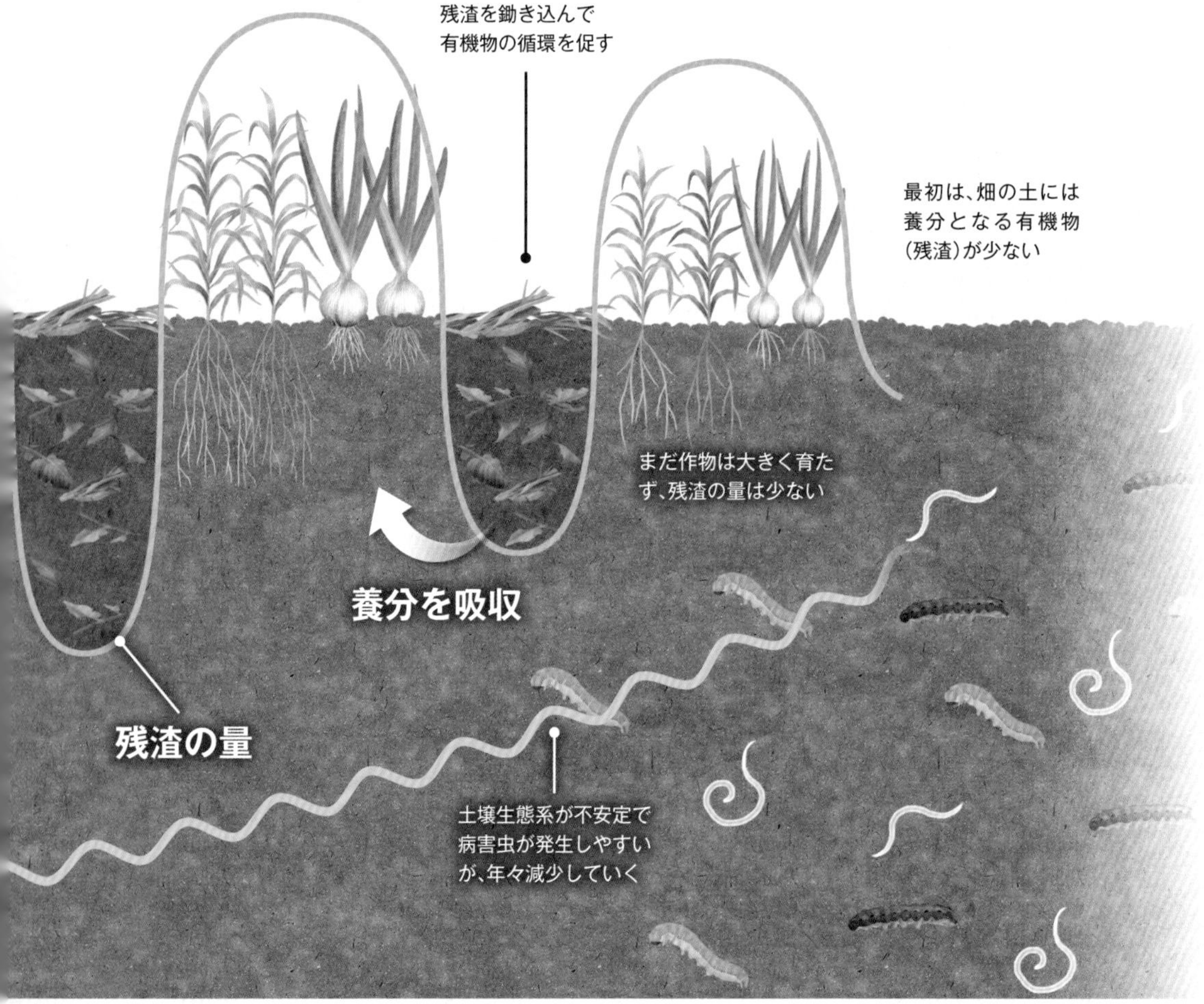

内田さんも連作を始めるときは畑に完熟堆肥を鋤き込み（下）、肥料として米ぬかなどを適宜使う（左）

最初の1～2年めは堆肥や肥料を使う

残渣を生かした連作の仕組みはご理解いただけたでしょうか。とはいえ、スタートの段階では残渣だけでは養分が足りません。初めのうちは１作ごとに１㎡当たり腐葉土２㎏と完熟牛ふん堆肥２㎏を入れる。最初の１～２年は“助走期間”。堆肥や肥料を使って足りない養分をしっかり補うようにしよう

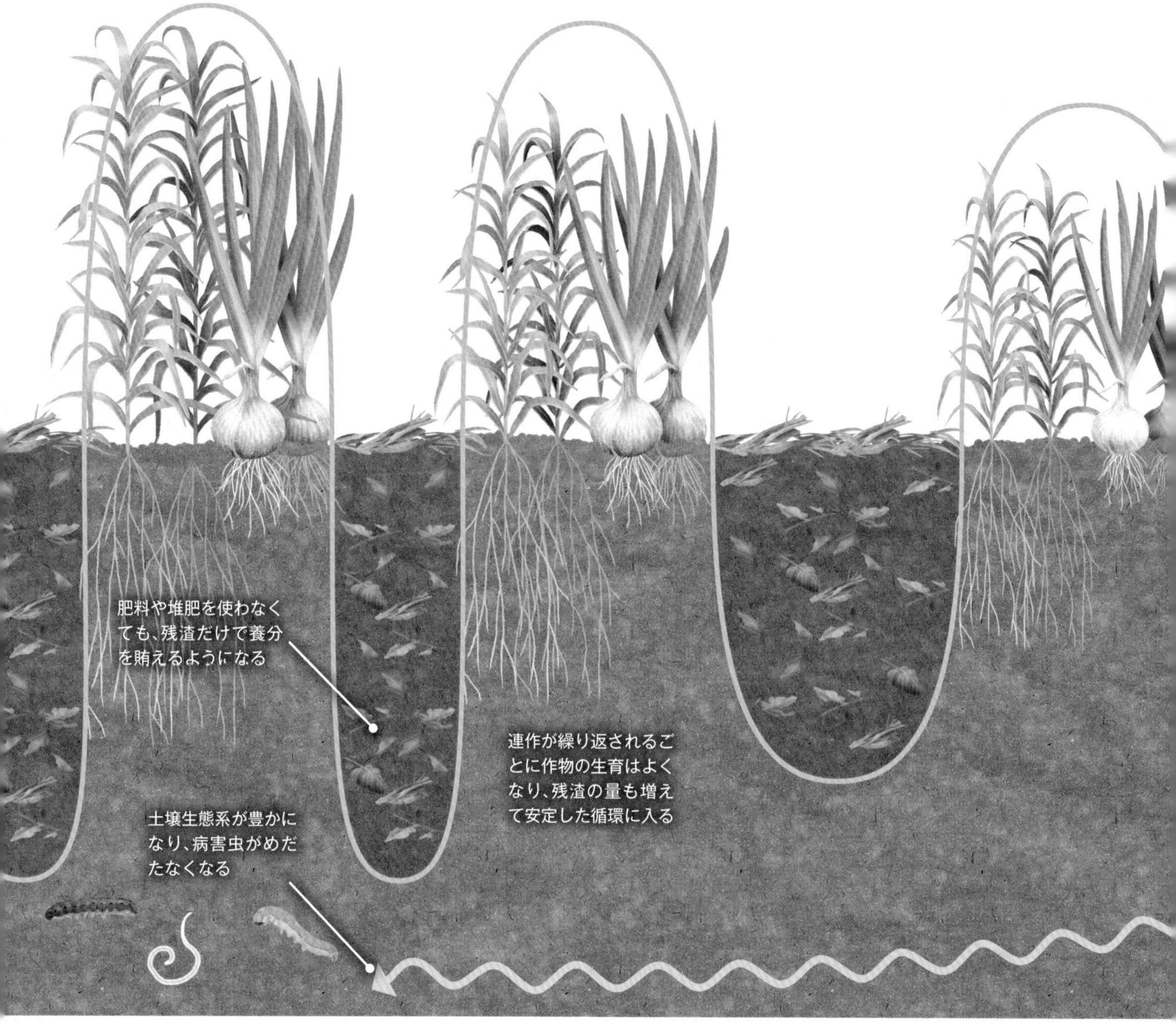

循環
セオリー
8

株まわりの雑草は早期に除く

生長して間もない野菜を畑の環境になじませるために、もう一つたいせつなポイントがある。雑草対策だ。

株が小さいうちは根域が狭く、雑草との競合に負けやすい。じかまきする根菜類や葉物野菜を始めるときは、とくに除草が重要だ。

除草するなら早いうちがいい。雑草がまだ小さいうちは、指でつまんで簡単に根ごと引き抜くことができ、除草具を使って表面の土を軽くなでるだけでも、芽生えたばかりの根を切ることができる。

「上農は草を見ずして草を取る」ということわざをご存じだろうか？ 賢い農家ほど雑草が生える時期を知り、作物の栄養を取られないように早いうちに対策する、という意味だ。株のまわりで大きくなった雑草は、本来野菜が使うはずだった養分を奪い取るばかりか、光や風を遮ってしまう。

年間を通じてわたしが行っている雑草対策を紹介しよう。

冬　冬草は暖かくなる前に取り除く

越冬中のワケギの株元に、わずかなマルチの隙間を縫って雑草が生える（上）。発芽したてのタマネギも雑草に負けやすい。見つけしだいつまみ取る（下）。

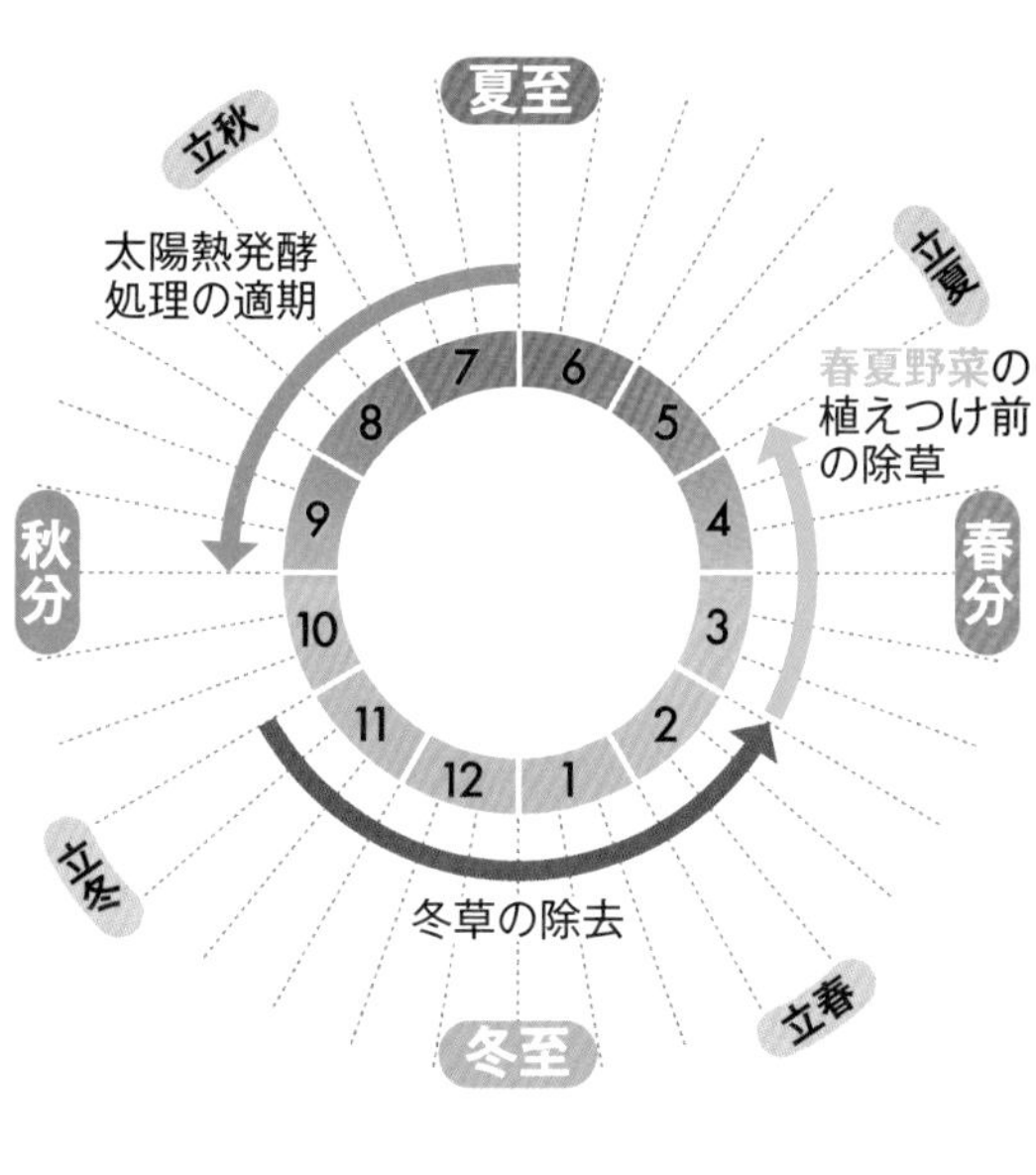

春 植えつけ時に表層をそぐよう除草

春の植えつけ時に、除草具を使って土の表層をそぐように畝全体を除草する。雑草が見えていなくても畝全体を均一に除草することで、雑草のない土の層をつくることができる。これを10日おきに2〜3回繰り返すと、より除草効果が高まる

芽生えたばかりの雑草

ハクサイ苗の株元にわずかに雑草が芽生え始めた(右)。除草具で表層をそいで雑草の根を切る(上)

夏 「太陽熱発酵処理」で除草の手間を省く

雑草対策のために、夏の太陽を最大限に生かしている。その方法が太陽熱発酵処理だ。

まず春夏野菜の収穫後、すべての残渣を米ぬかといっしょに鋤き込む。そこに秋冬野菜を作付けするための畝を立て、透明マルチを張る。すると、太陽熱によって土の表層が長期間熱せられ、土壌病害を招く病原菌や雑草の種子が死滅する。同時に有機物の分解が急激に進んで、一気に土づくりが進む。

これでおよそ1か月間は雑草が出てこなくなる。とくに、発芽前後に雑草に負けやすいニンジンや葉物野菜の種まき前にやっておくとよい。

手順は次のページで ←

太陽熱発酵処理の手順

1

作業の好機は7～9月。収穫の終わった夏野菜の残渣や緑肥作物を適当な大きさに刻んで、数日間その場に置いてしんなりさせる

2

残渣の上に米ぬか(200～300g/㎡)か中熟堆肥(1～3㎏/㎡)をまき、まず表層10㎝に鋤きこみ、好気性菌に分解させ、さらに10～14日後、15㎝の深さまで鋤きこむ。2段階鋤きこみで、土中発酵がスムーズに行われる。

3

畝を立てて、土がしっとりと湿った状態で透明マルチを張る。標準的な畝の高さは10㎝。降水量が多い地域は、通気性や水はけをよくするため、さらに5㎝ほど畝を高くする

4

夏場は3～4週間で完了する。畝を使う前にマルチを開いた状態で1～2日ねかせ、土にたまった熱やガスを抜いておく。畝の土の表層をなるべく動かさないようまき条をつくり、種をまく

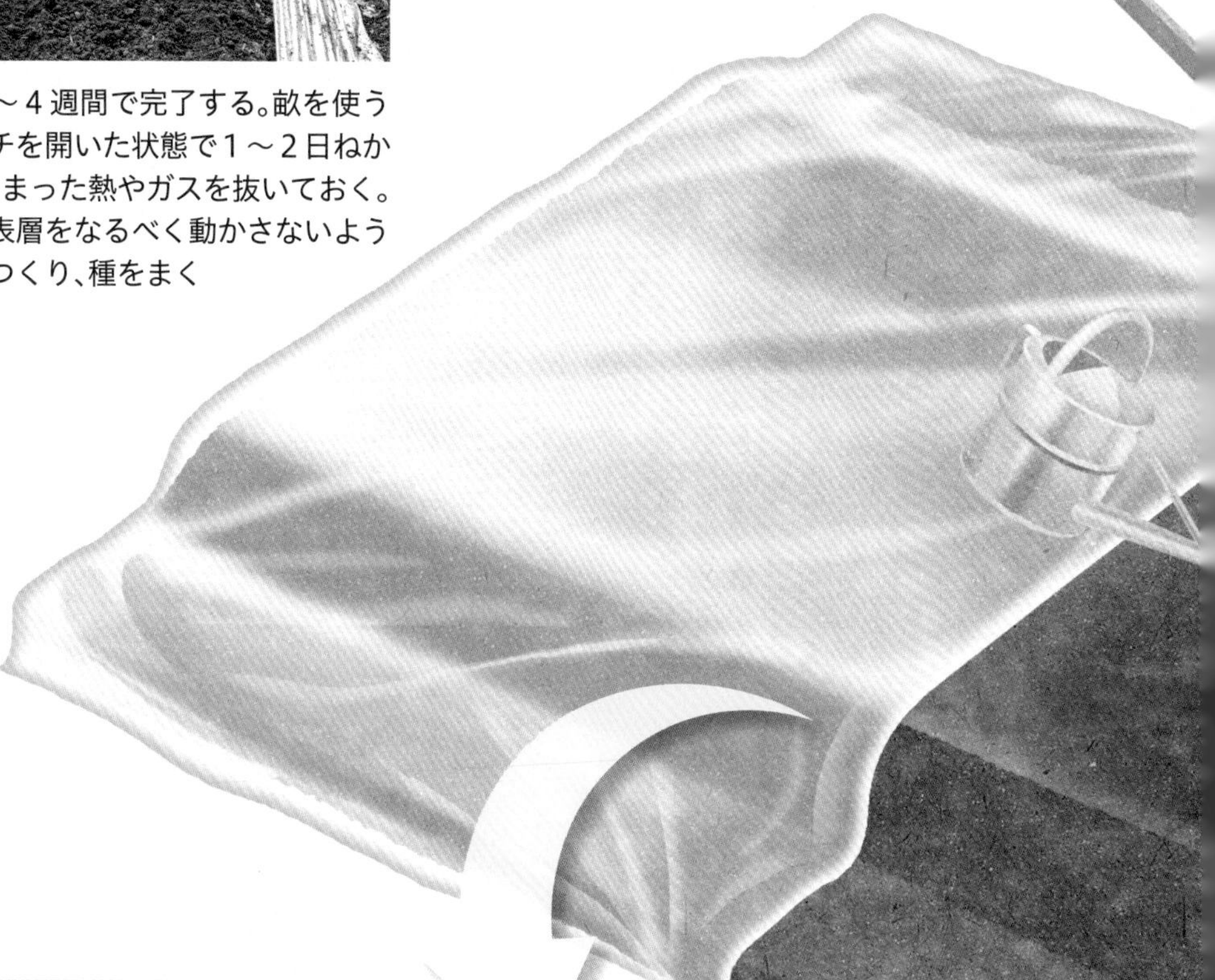

秋

雑草の出ない畝で育つ野菜は健全に生育する

太陽熱発酵処理した畝を使い、秋にまいたコマツナ。防虫ネットにも守られ、雑草にも害虫にもじゃまされずに青々と生育している

夏に種をまいてから約1か月が経過したニンジンの株。みごと株元に雑草は生えておらず、葉が順調に展開している

循環
セオリー
9

原産地から性質を知る

野菜の性質を知るために、指標にしているのが野菜の原産地だ。乾燥に強い・弱い、肥沃地を好むのか・痩せ地でも育つのかなど、野菜が持つ基本的な性質は、遠い昔に原産地の環境条件で獲得されたケースがほとんど。原産地は、野菜の性質を知るための大きな手がかりになる

ダイコンやキャベツは本来、秋冬が作りやすい

ダイコンやキャベツの原産地は、地図上のオレンジ色で示した中央アジアと地中海沿岸。緯度が高く、秋から冬に寒さが厳しくなる。ここで育つ植物は寒い時期に花を咲かせるのではなく、暖かな春から夏に花を咲かせて子孫を残そうとする。冬至から夏至に向かって、日が長くなるのをサインに花をつける性質（長日性）を獲得した。

ダイコンやキャベツが秋から冬に作りやすいのは、この性質に根ざしている。春まきのキャベツやダイコンは、いわば品種改良のたまものといえる。

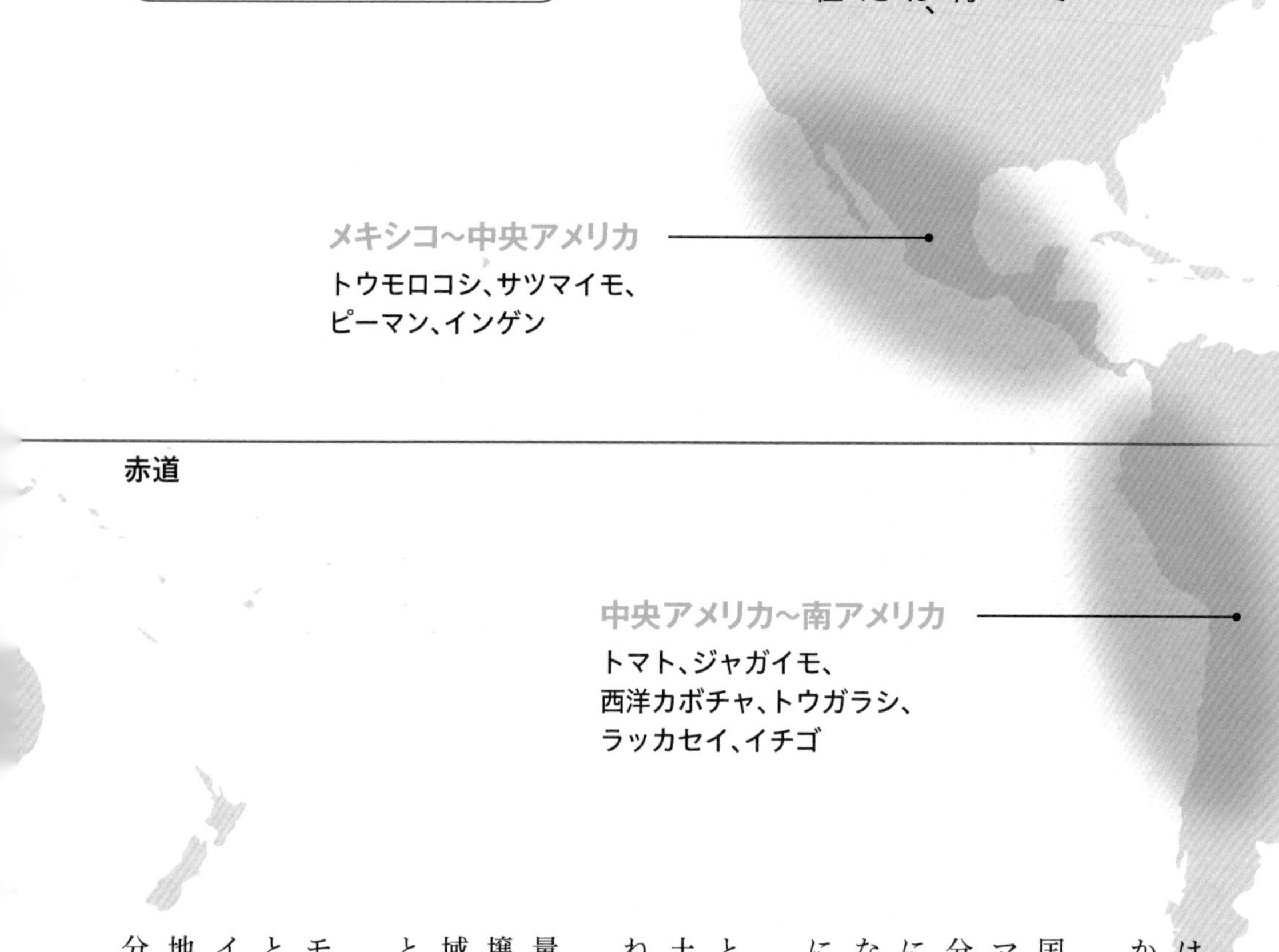

乾燥への耐性と野菜が好む土壌

野菜の原産地からまず考えるべきは、乾燥に強いのか・水分を好むのか、という点だ。

降雨量の多いモンスーン気候の中国東南部や、熱帯性気候のインド～マレー半島を原産とする野菜は、水分がたっぷりある環境を好む。反対に、砂漠や高原地帯など降雨量が少ない地域を起源とする野菜は、乾燥に強い性質を持つ。

乾燥にたいする耐性が分類できると、痩せ地に適応するのか、肥沃な土壌を好むのかについても、おおむね判断できる。

暖かく降雨量の多い地域では、大量の有機物が積み重なり、肥沃な土壌が形成される。一方、乾燥した地域では十分な有機物が積み重なることはなく、土は痩せたままだ。

好対照の例がサツマイモとサトイモ。メキシコの乾燥した地域を起源とするサツマイモは痩せ地を好むが、インド東部～インドシナ半島の熱帯地域を起源とするサトイモは、肥料分の多い肥沃な土を好む。

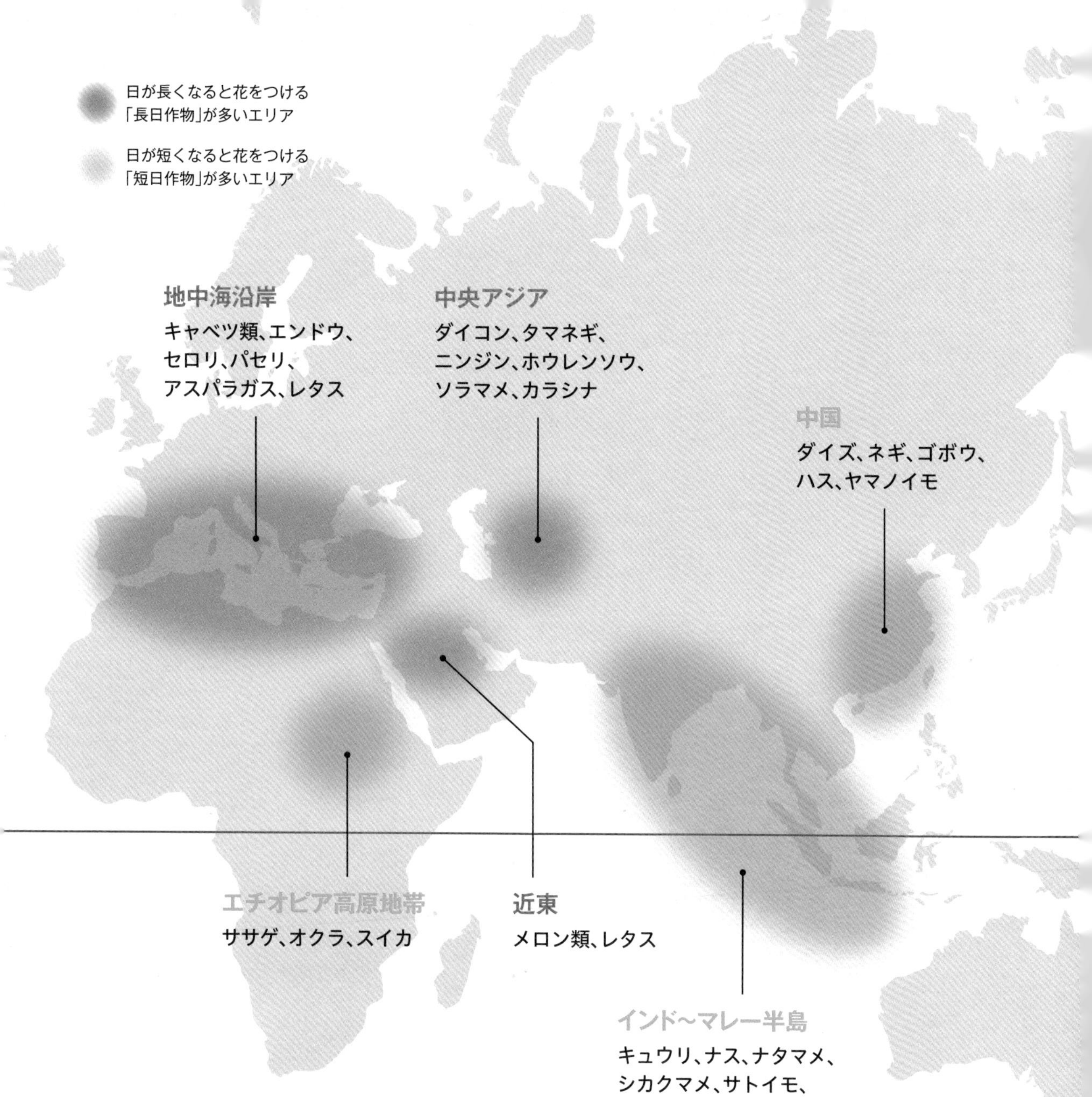

暑さを好むのか 寒さに強いのか

一年中気温の高い赤道付近の地域を起源とする野菜は暑さを好み、赤道から離れた地域を起源とする野菜は寒さに強い。

同じマメ科でも、赤道に近い中米を起源とするインゲンは暑さを好むが、中央アジアや地中海沿岸を起源とするソラマメやエンドウは寒さに強く、越冬させて春から夏に収穫する作型だ。

原産地から野菜の適温を把握することは重要だ。その気候に適した作型で育てると作りやすいし、いいものができる。どこになにを植えるのか、そしていつ植えるのか、両方備わってこそ「適地適作」なのだ。

草丈の低いソラマメは寒さに強い。霜よけに防虫ネットを屋根のように掛けておくだけで、枯れることなく越冬させられる

循環
セオリー
10

間引きや整枝も循環の一部

密植し大きい株から間引く

葉物野菜や根菜類を条まきするとき、基本は3㎝間隔でまき、地力の低い畑ではわざと狭めて1㎝間隔でまく。
わざと密植ぎみに育てると野菜の根がたがいに助け合って生長し、自分たちにとって都合のよい環境に変えてく。株がある程度大きくなり、茎葉が重なってきたところで間引いてやる。すると、残された野菜は空いたスペースに積極的に根を伸ばし、生育が進む。

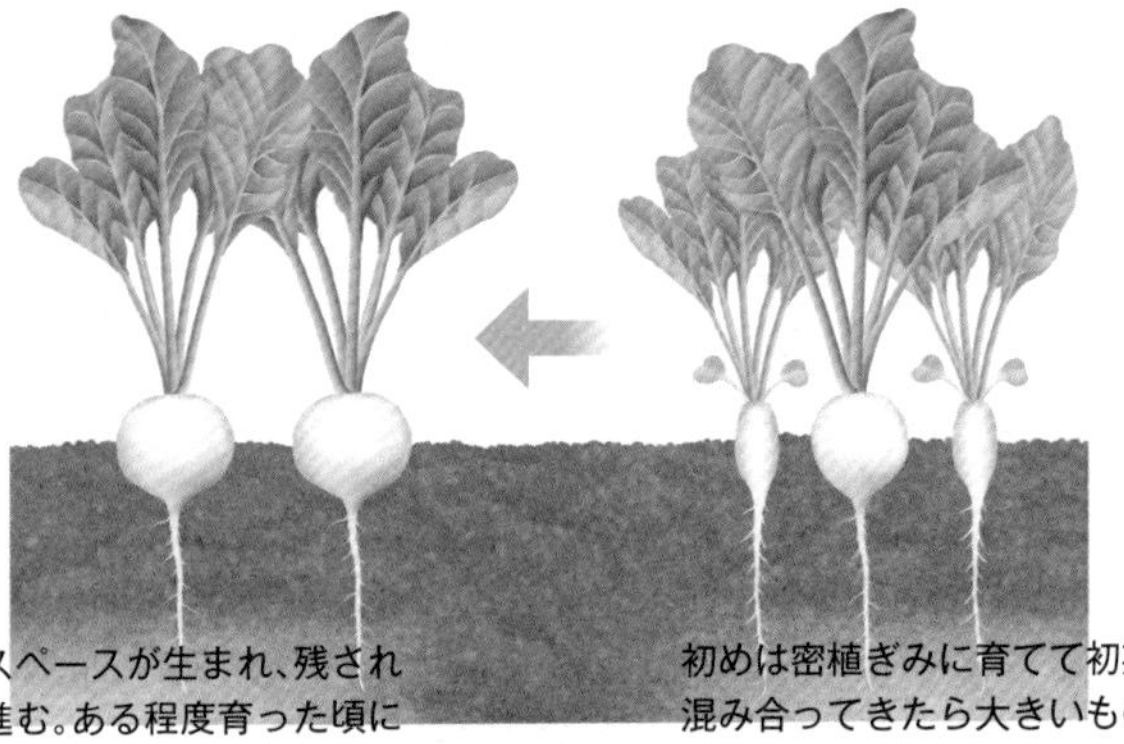

初めは密植ぎみに育てて初期生育を促し、混み合ってきたら大きいものから間引く。小さいものから間引くのは勘違い。小さい株はこれから大きくなる

間引きによりスペースが生まれ、残された株の肥大が進む。ある程度育った頃にスペースをつくることが重要。最初からまばらだと生育が鈍くなる

地力の低い畑では1㎝間隔でまく。間引きの回数は増えるが、密植により初期生育がよくなる

真ん中の大きいカブを間引く。密植ぎみに育てて、次々に間引き菜として収穫していく

初期生育がうまくいったあと「野菜が吸収する養分をどう循環させるか」という視点でポイントを押さえておこう。重要なのは野菜の根をしっかり伸ばすことと、根の活動を収穫終盤まで持続させることだ。

健康に育つ野菜は根量が多く、土への働きかけも活発である。そうやって、その野菜に適した土がつくられていくわけですから、野菜の根が長期間働けるように、管理していく。

では、野菜の根の活動を活発にさせてやるには、具体的にどんなことをすればよいのか。じつは特別な作業ではない。

どんな植物でも地上部と地下部は連動している。茎葉が伸びれば、それに合わせて根も伸びるし、草勢が衰えれば根の活動も低下してしまう。葉物野菜や根菜類なら間引き、果菜類ならわき芽や着果のコントロールをして、根の働きを活性化させよう。

わき芽を伸ばして根を張らせる

ナスを４本仕立てにする。勢いのよいわき芽を伸ばし、４本の枝が扇形に並ぶように仕立てる

果菜類でわき芽かきは欠かせない作業だが、わき芽を伸ばせば根張りがよくなる。わき芽が伸びるということは、根も伸びるということ。トマトやナスなら５～10㎝まで伸ばしてから取るようにしよう。さらに、太いわき芽を残し、果菜類の多くを多本仕立てにする。根が張り、樹勢を長く維持することができる。

わき芽はあえて伸ばしてから折り取る。手の指の長さくらいが目安

収穫するときも、収穫果の下から出るわき芽を１つ残す。なり疲れを防いで晩秋まで収穫できる

トマトを草丈１ｍまでは側枝を３～４本伸ばし、それより上は無整枝で育てている。根量が増えて茎葉が伸び、多くの残渣が残る

循環セオリー ⑩

若どりは最高の追肥となる

植物がもっともエネルギーを必要とするのが、実が膨らむとき。収穫初期の果菜類は実に養分が集中してしまい、草勢が弱まることがある。

一般的には追肥で回復させるのが定石だが、そうなる前に若どりの継続で着果負担を減らし、草勢を維持することもできる。そう考えると、「若どりこそ最高の追肥」と言えるのではないか。長期収穫を可能にするためにも、まず若どりし、そして追肥を適切に使いこなすのが重要だ。

若どりして追肥なしでも 長期間収穫

ピーマンは枝の分岐ごとに実がつくため、株の負担が大きい。5～6㎝の大きさで若どりを続けることで、樹勢を長期間維持できる

キュウリは、株元から高さ20㎝以下についた実は、着果負担を少なくするため幼果のうちに早めにとる

ズッキーニは収穫初期、15㎝ほどの小さい実をとる。若どりの実は食感がなめらか。開花しかけの花ズッキーニはレストランで珍重される高級食材

エンドウは若さやのうちにどんどん収穫し（右）、収穫終盤に膨らんだ実をとるようにする（左）

第2章
季節の循環セオリーと究極の野菜づくり

暦は農作業の適期を知る〝物差し〟。気温が低いものの、少しづつ日が伸びてくる早春から、昼夜の長さが同じになる春分を経て、暑さも盛りを迎えて、秋分を経て冬へと至るのが、1年のサイクル。1章で学んだ〝循環セオリー〟をさらに詳しく学びながら、1年を通じた農作業の適期を学んで、あなたの家庭菜園を〝自然循環菜園〟のサイクルへと巻き込んでいこう。

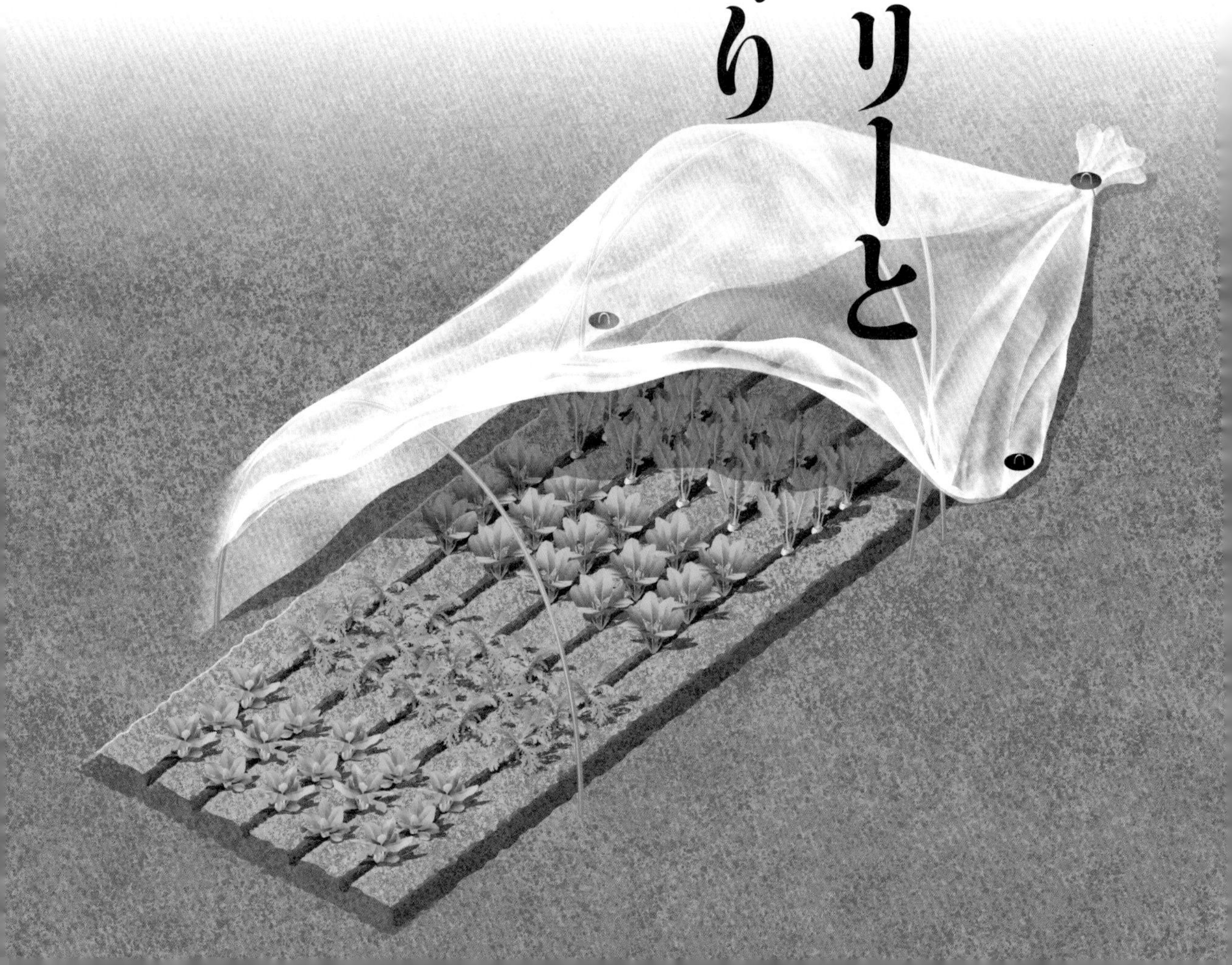

季節の循環セオリー

季節ごとのセオリーを実践し究極の野菜づくりに挑戦！

季節ごとの農作業を再確認し、自然循環菜園のサイクルを始めよう。季節・野菜ごとのテクニックを紹介！

第1章で紹介してきた、わたしの循環菜園では、太陽の動きや土壌生態系の働きを最大限生かして、一年中、絶え間なく野菜を作り続ける。畑で出た残渣をすべて土に還すことで、ゆくゆくは肥料も堆肥も使わない畑となり、そこで〝究極の野菜づくり〟が完成する。これから紹介する野菜の栽培法は、循環菜園での栽培法を基本としているが、始めて間もない1～2年めの畑には、元肥として、1㎡当たり腐葉土2kgと完熟牛ふん堆肥2kgを入れることをおすすめする。

1～2年めの畑の元肥

- 腐葉土2kg／1㎡
- 完熟牛ふん堆肥2kg／1㎡

栽培暦をもとに計画を練る！

12ページで紹介した、二十四節気をもとにした栽培暦を見ながら、2章での作業を再確認しよう。

一般地での種まき・植えつけ時期なども掲載しているので、菜園計画を立てるのにも最適。

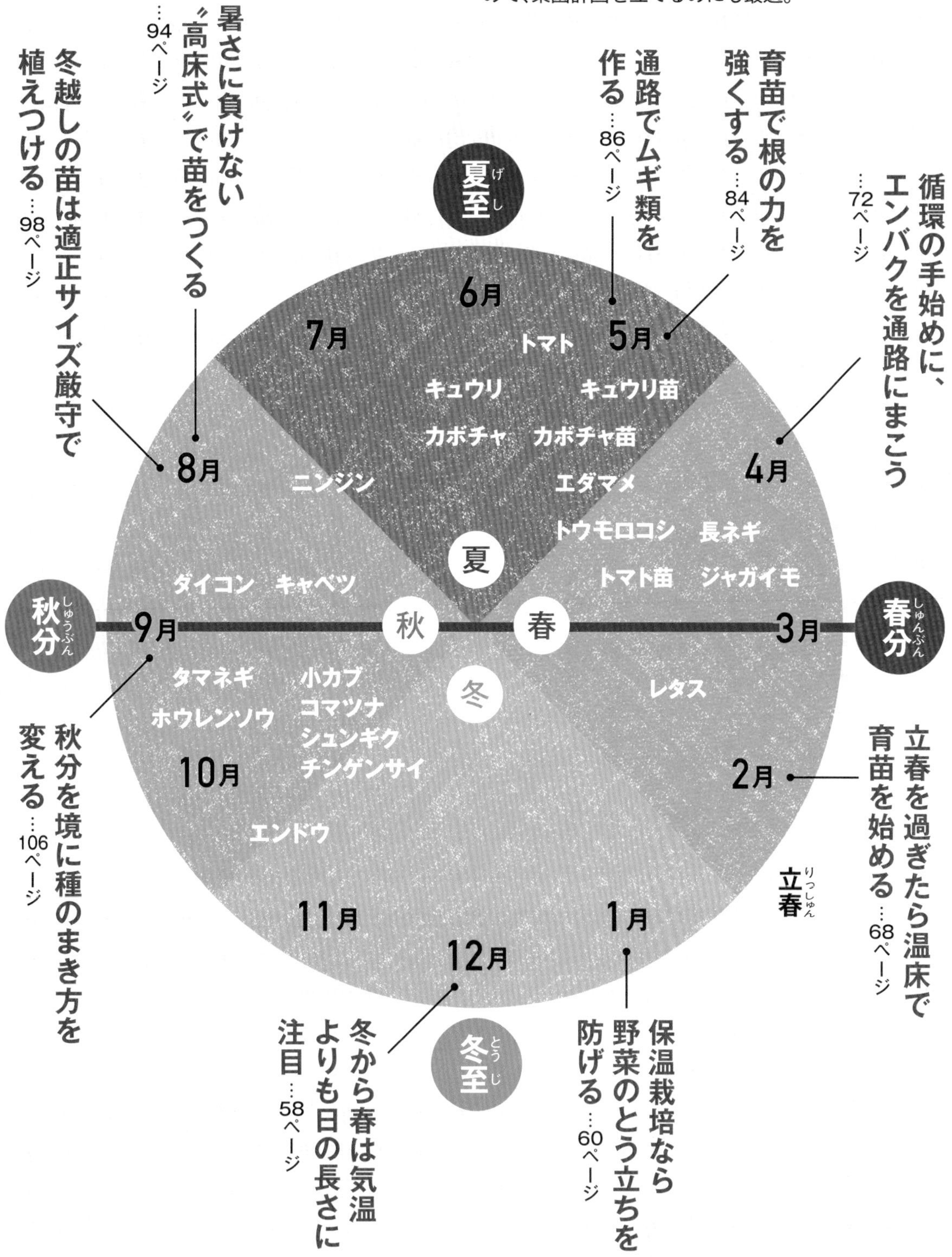

早春の
循環
セオリー

冬から春は気温よりも日の長さに注目

冬から春にかけて、日は刻一刻と長くなるが、依然として気温の低い日が続く。日常生活では寒いと感じたら服を着込んだり、体の温まるものを食べたくなったりと、日の長さより気温に合わせた行動をとりがちだ。

しかし、循環菜園は違う。まずは日の長さに合わせることが重要となる。

人がどうしてもあらがえないのは太陽の動き。そう考えると、光と温度を天秤にかけたときに制御しにくいのは光となる。まずは太陽の光に合わせて農作業を行い、温度はそのつど、人の手で調整していけばよいのだ。

たとえば1~2月はトンネルを使った保温栽培や、電熱マットなどの温床を使った苗づくりができる。春ジャガ用の種イモの芽出しも、初春の日ざしを有効活用する知恵の一つである。

春先の光を最大限活用するという視点は、野菜づくりの腕をグンと上げてくれるはずだ。併せて、温度維持のために被覆資材を活用するとよいだろう。

夏野菜の植えつけシーズンまで春先の光を最大限活用する

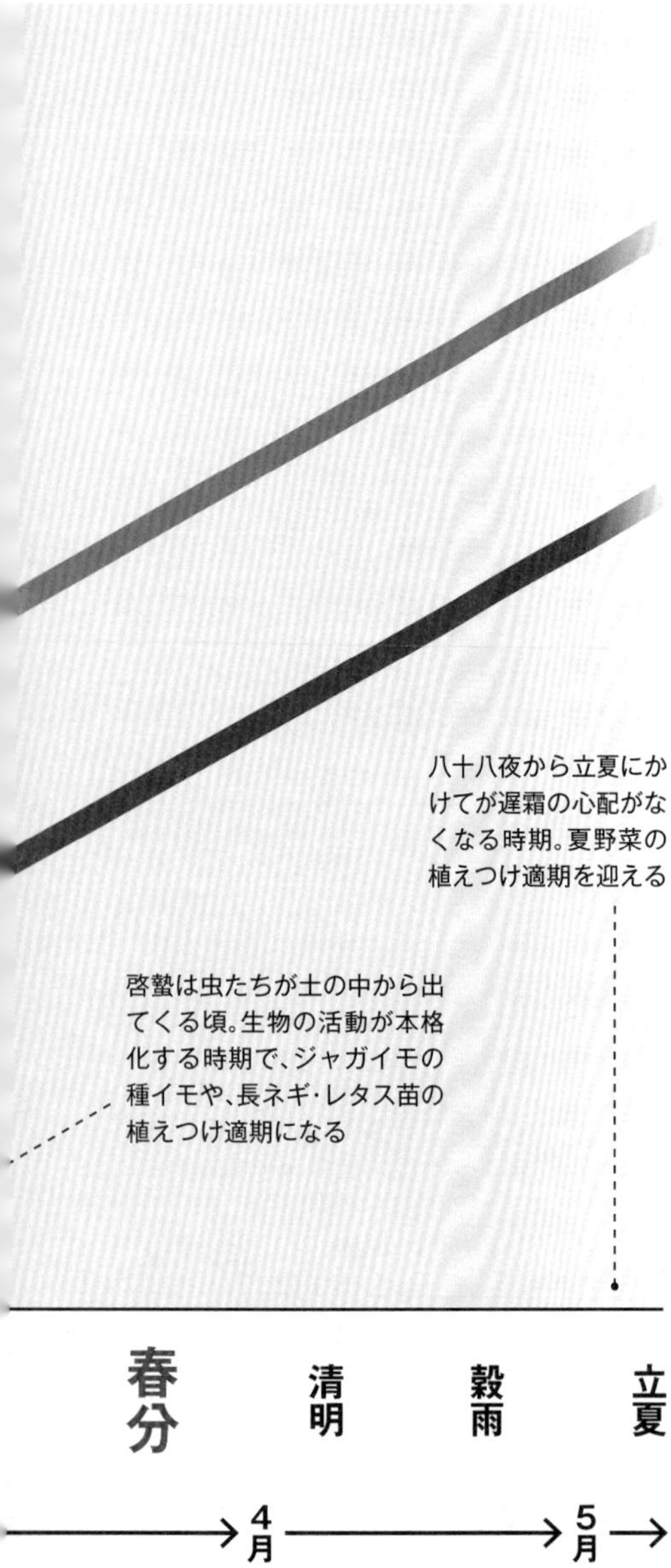

夏野菜の育苗は立夏までをめざす

トマトやナス、ピーマンなど夏野菜の育苗期間は60~80日と長い。立夏の植えつけをめざし、逆算して育苗を始めよう

冬至から春分まで

温度は被覆資材で補う

冬至を過ぎ、しだいに長くなる光を利用する。トンネルフィルムや不織布で保温して、野菜の生育に適した温度環境を整える

雨水の頃

種イモを日に当て芽出しする

ジャガイモの種イモを３～４週間、光に当てて芽出しさせてから植える。寒い中で発芽した芽は、頑強に育つ

日の長さと気温の時間差に注意

太陽光が大気を暖めるまでには１～２か月かかる。この時間差が、日常生活での体感と農作業のタイミングにずれを生じさせる

気温

１年のうち、もっとも気温が低くなるのが大寒の頃。立春を過ぎると、三寒四温を繰り返しながら上昇していく

日の長さ

冬至でもっとも昼の時間が短くなり、その後は６月下旬の夏至に向かって、刻一刻と日が長くなっていく

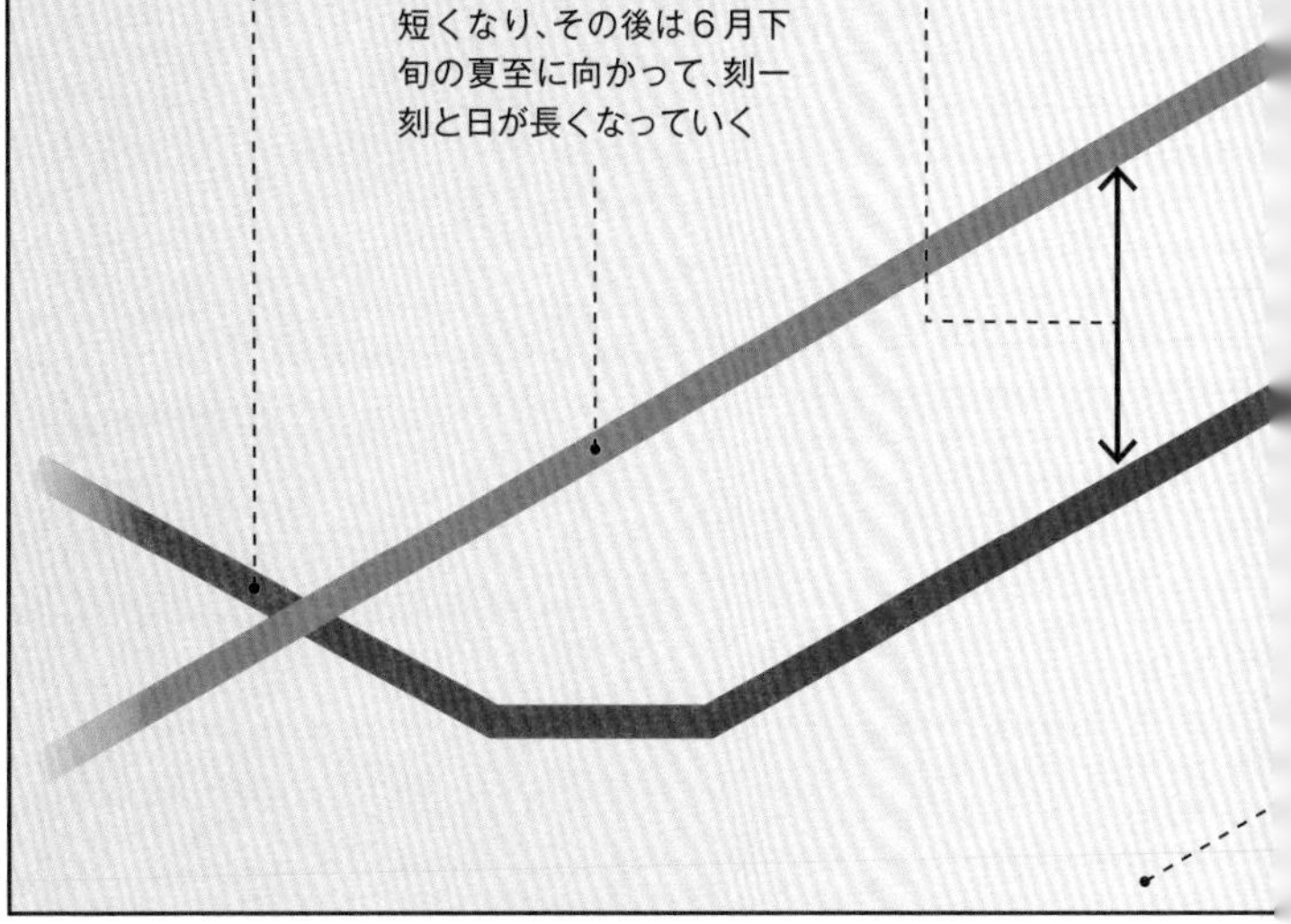

冬至　小寒　大寒　立春　雨水　啓蟄

１月 → ２月 → ３月 →

立春を過ぎたら温床で育苗を始める

啓蟄の頃、レタスやキャベツなどの植えつけができる。立春を過ぎたら温床で育苗を始めると、ちょうどよい苗ができる

早春の
循環
セオリー

保温栽培なら野菜のとう立ちを防げる

正月が過ぎた頃は、一年でもっとも寒さの厳しい季節だ。畑ではとれる野菜は少なく、種をまいても芽は出ない。

しかし、寒い時期に育つ野菜は、甘くていいものができる。徐々に長くなる光を最大限活用すれば、トンネル栽培で質のいい野菜をとれるはずです。

ハクサイやダイコンなどのアブラナ科、またニンジンやタマネギなど、夏から秋に種をまき冬から春にとる野菜の多くは、一定時間、低温にあたることで花芽を形成する、「春化（バーナリゼーション）」という性質がある。花芽形成が進むと、とう立ちしていい状態ではとれない。

保温栽培最大のメリットは、このとう立ちを防げることである。野菜は低温にあたって花芽を形成しようとしても、20〜25℃以上の温度に6時間程度あたると、その活動はいったん打ち消される。トンネル内は、日中晴れていれば冬でも軽く25℃を超えるので、収穫までとう立ちを防ぐことができる。

春化のスイッチを切る

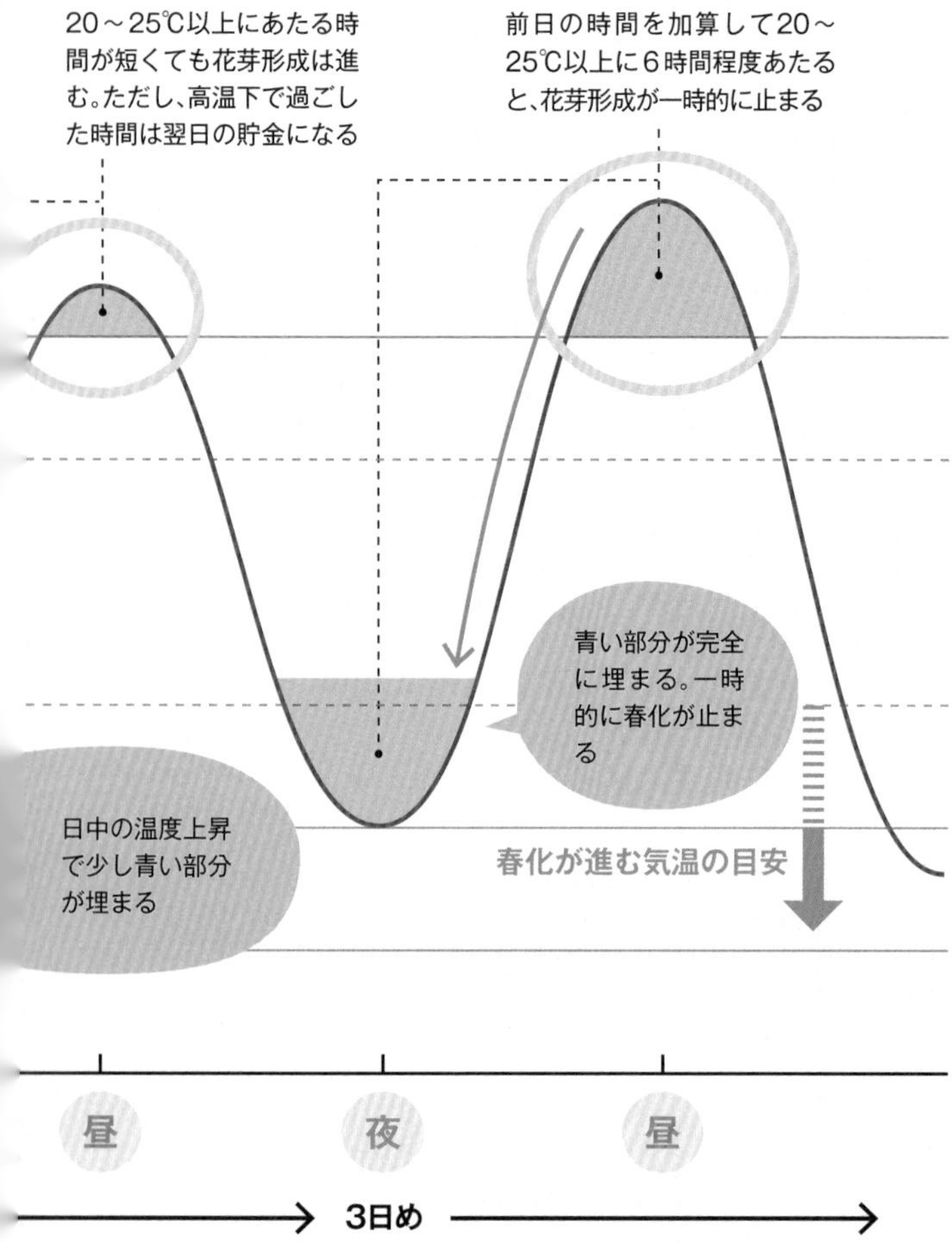

湿気と温度の上がりすぎに注意

冬晴れの朝、急に暖かくなるとトンネル内部が結露する。湿気をため込んだままだと病気を招くので、結露していたら換気して湿気を逃がす

晴れた日の外気温が20℃を超えると、トンネル内は40℃を超え、野菜は暑さで弱ってしまう。トンネルの裾を上げて換気し、高温になるのを防ぐ

トンネルとべた掛けで野菜を二重に守る

わたしの保温方法は、黒マルチを張った畝に種をまき、不織布をべた掛けして、その上からトンネルを掛ける。ポイントは不織布のべた掛けだ。トンネルだけだと夜間にどんどん熱が逃げてしまうが、不織布を掛けておくことで、野菜の周囲の温度が保たれる

トンネル保温で

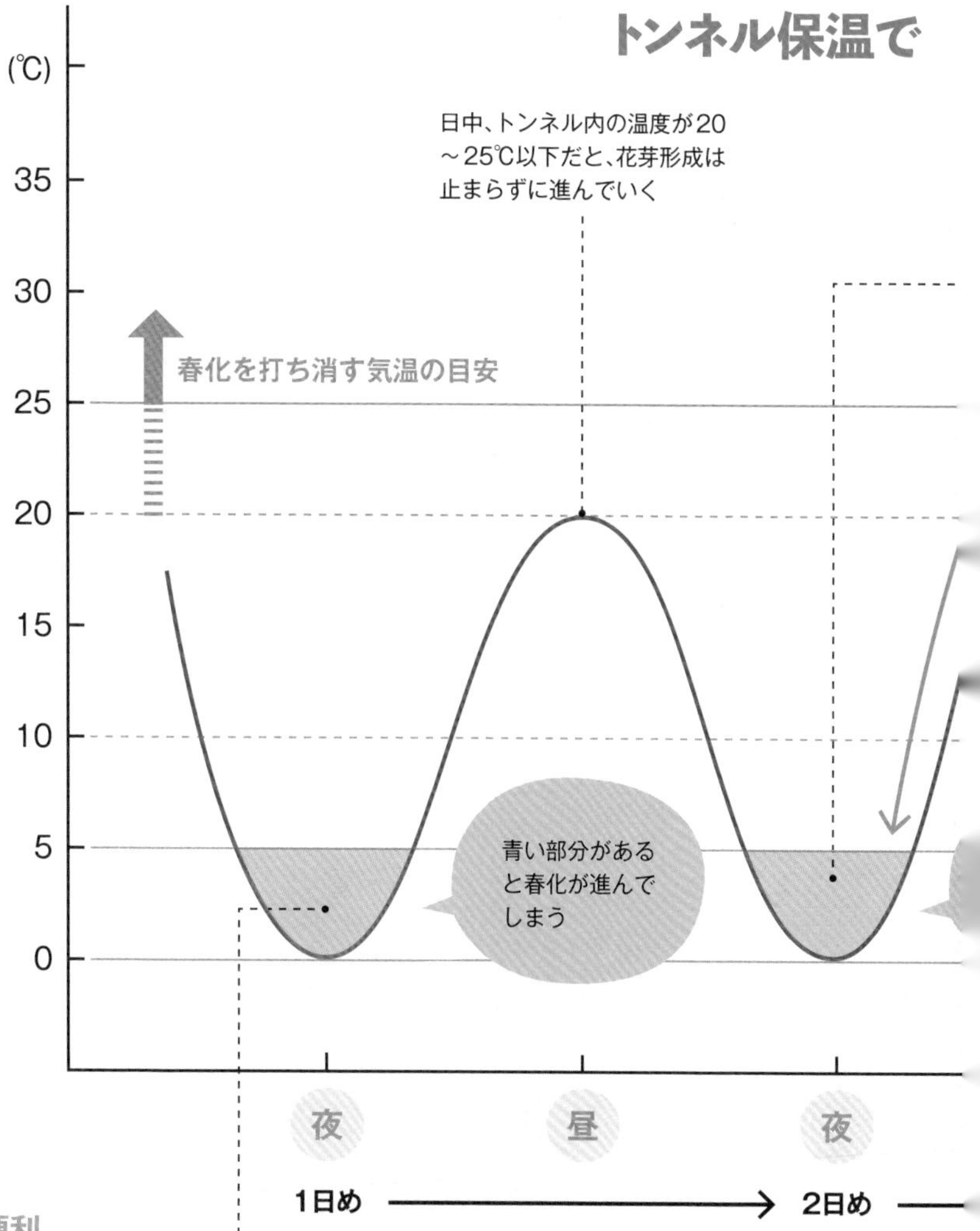

家庭菜園では穴あきフィルムが便利

毎日畑に行くことができれば、こまめにトンネルの裾を開け閉めして温度調節ができるが、そんな人ばかりではないだろう。家庭菜園では穴あきフィルムが使いやすい。厳冬期の保温効果は落ちるが、自分で裾の開け閉めをしなくても、ある程度はトンネル内の温度を適正に保てる

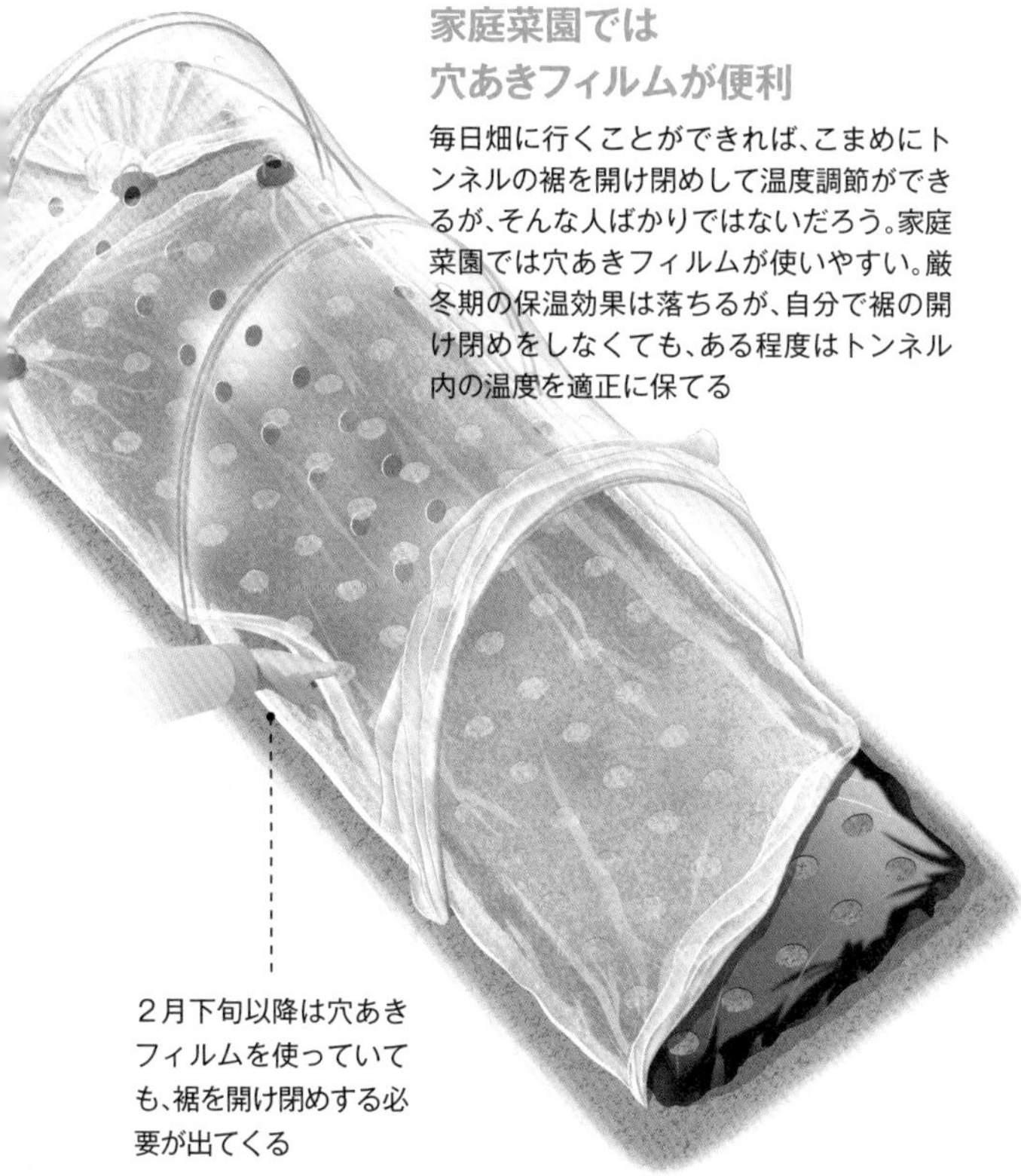

2月下旬以降は穴あきフィルムを使っていても、裾を開け閉めする必要が出てくる

春化の性質を持つ野菜は、おおよそ0～10℃前後の低温に一定時間あたると、花芽が形成されていく

逆さ植えなら、芽かき・土寄せなしでどっさり

ジャガイモ

原産地の環境に栽培条件を近づけることがたいせつ、とわたしはつねづね言っている。ジャガイモは標高3000mを超える南米アンデス山系が原産地とされ、冷涼な気候を好む。

生育適温の15～25℃を踏まえると、わたしの畑がある関東南部では、二十四節気の啓蟄（3月初旬）が植えつけ適期。地中で冬眠していた虫が目を覚まし、動き出す季節である。

わたしは『メークイン』や『インカのめざめ』『キタアカリ』など5～6品種を作っている。ジャガイモは痩せ地でも育ち、栽培自体はたやすいが、工夫しだいで収量は上がる。

黒マルチを張った畝に、芽が出ている方を下にして植えるとよくとれる。芽かきも土寄せもしなくてOK。

植えつけ時期
寒地・寒冷地　4月上旬～5月中旬
一般地　3月上旬～下旬
温暖地　2月下旬～3月中旬

1 種イモの準備

種イモを日光に当てて、黒紫色の強い芽を出す

植えつけの3～4週間前から芽出しする。晴れた日は種イモを屋外に出して日光に当てる。やがて、黒紫色の小さい芽が出てくる。

これは『浴光育芽』という方法だ。種イモに『芽が出る準備はできたけれど、まだ寒くて伸長できない』というストレスをわざとかけてやることで、畑に植えつけたあとの芽のそろいがよくなり、生育初期から茎葉の伸長が旺盛になる。

夜は屋内にしまっておく。

浴光育芽により、黒紫色の芽が出てきた。なお、種イモは50g程度のサイズなら切らずに植える。分割すると切り口から病原菌が侵入する危険性がある

3～4週間、種イモを日光に当てる。ただし、-3℃以下では枯死する危険性があるので、夜間は屋内にしまうか、毛布を掛けて保温する

分割した種イモは、病原菌の侵入を防ぐために、切り口にジャガイモ用シリカ（写真）や草木灰などをつけて、よく乾燥させてから植えつける

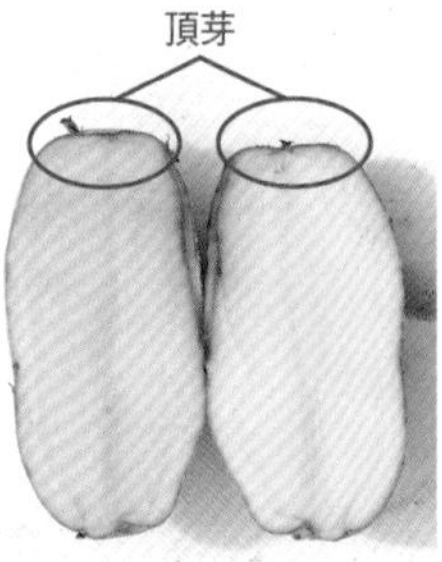

80ｇ以上の大きい種イモは、1片40～50ｇほどに分割する。芽が集まっている頂芽から、均等に芽が分かれるように切る

2 植えつけ

種イモを逆さに植えて、強い芽を伸ばす

　通常、分割せずに丸ごと使う種イモは頂芽を上に、分割した種イモは切り口を下に向けて植えつけるが、わたしのやり方はその逆。頂芽を下に、切り口を上にして植えつける。あえて芽にストレスを与えると、丈夫な芽しか地上に出てこないので、芽かきの手間も省けるのだ。

　また、浅めに植えつけるのもポイントだ。

　種イモを土の中に押し込み、マルチ穴に土をかぶせる。これで覆土は約5㎝。黒マルチに守られ、土寄せせずに緑化を防げる。

3 出芽後の管理

マルチに穴をあけて芽を外に出す

　植えつけから1週間ほどで、地中から芽が出てきて、黒マルチをツンツンと持ち上げるようになる。マルチにカッターなどで穴をあけて、潜っている芽を外に出す。

　種イモを逆さに植えると、弱い芽は地上まで出てこられない。3本ほど強い芽が出ていれば十分に収穫ができる。

　まだ肌寒い時期、ジャガイモは草丈の伸びがゆっくりで、雑草の陰になりやすい。雑草は早めに除草しよう。

黒マルチを張って植えつける

❶黒マルチにカッターで切れ込みを入れ、小さめの穴をあける。❷黒マルチの穴を指で広げ、種イモを土の中にぎゅっと押し込む。❸穴を埋めるように土をかぶせて、手で押さえる。これで覆土は5㎝程度になる

黒マルチの下に潜っている芽を外に出す

マルチ穴から風が入らないように、隙間を土で埋める

植えつけ方

分割していない種イモを植えつける場合、わたしは芽が集まっている頂芽を下向きにして土に埋める

半分に分割した種イモを植えつける場合、わたしは切り口を上向きにして土に埋める

畝を立てる1か月ほど前に、1㎡当たり300gの米ぬかを畑に鋤き込む。土壌微生物の活動を促すためだ。そうか病の予防になる

生育初期は、ジャガイモが雑草に負けないように、通路の除草はこまめに行う。黒マルチをすることで株間には雑草が生えてこない

4 収穫

地上部が7～8割方枯れたら掘り上げ時

草丈が腰の高さまで伸びてくるが、地上部が7～8割方枯れるまで待つ。葉が青々としているあいだは光合成が行われ、イモはまだ肥大を続けている。

収穫のさいは、黒マルチの穴を広げて地表近くの土を手ですくうだけ。もともと浅く植えているのでラクにとれる。

収穫は梅雨の時期。晴天ならベストだが、雨の合間の地面が乾いているときに掘り上げよう。湿ったイモを放置すると腐るので、収穫後は屋根のある場所で1週間程度、乾燥させる。

ジャガイモ保管のポイント

収穫後、コンテナに入れて黒寒冷紗で二重に覆う。1週間遮光して乾燥させると、収穫直後はわからなかった病気や傷みのあるイモが明らかになる。他のイモに影響しないよう取り除く。光が当たる状態では早く芽が出てくる。その後は段ボール箱に移し替えて、冷暗所に置く。品種にもよるが、遮光して冷暗所に置いておくことで長期間、食用として保管できる。

まだまだ肥大中
葉は青々として光合成が盛んに行われている。養分はどんどんイモに蓄えられ、肥大している最中だ

収穫時期
少し枯れたくらいでは収穫は早い。写真のように7～8割ほど枯れるまで待つ。完全に枯れてからだと暑さでイモが傷むので注意

マルチの穴を広げて、手で地表の土をすくい取るだけでイモがゴロゴロと現れた。黒マルチのおかげでまったく緑化していない

イモのサイズで使い道を決める

小さなイモを秋植えの種イモにしている。秋植えのタイミングは9月上旬～中旬ごろ。地温が高く、種イモを分割すると土の中で腐りやすい。もし、種イモにするなら、分割せずに使える50g前後のサイズをえり分けておく

80ｇを超える大きめのイモは食用に

50ｇ前後のイモは、分割しないで植えつけるサイズ。暑さに耐えて土の中で腐ることも少なく、秋植えの種イモとしてちょうどよい

20～30ｇの小さいイモも種イモに利用できる。食用にするなら、素揚げして皮ごと味わうのがおすすめ

“落とし植え”なら土寄せ1回で、冬には白くて甘い葉鞘がとれる

長ネギ

薬味や鍋物の具材にと使い道が多く、一年中出回っている。初めて栽培するなら、春に種をまき、初夏に植えつけて冬にとる作型が作りやすい。発芽適温は15～20℃。秋まき春夏どりもメジャーな作型だが、越冬後にとう立ちする可能性が高い。春まき秋冬どりならとう立ちの心配がなく、収穫期は11月から1～2月にかけてなので、寒さで甘くなった太ネギを収穫できる。

わたしは根深ネギの『ホワイトスター』(タキイ種苗）や『元蔵《もとくら》』(武蔵野種苗園）を作っている。唯一の難点といえば、土寄せを繰り返して軟白化させなければならないことだが、高さ30cmの高畝に深さ30cmの穴をあけて苗を植える、“落とし植え”をしてみよう。土寄せが1回で済む。

種まき時期
寒地･寒冷地　4月中旬～5月中旬
一般地　3月上旬～4月上旬
温暖地　2月下旬～3月下旬

1 苗づくり

1cm間隔で種をまき、手と足でしっかり鎮圧する

日当たりのよい一画に苗床を設ける。育苗には3か月ほどかかるので、畑の準備は入念に行う。種まきの2週間前に、完熟牛ふん堆肥と腐葉土を各1kg／㎡入れて耕しておく。

幅80cmの畝に、10cm間隔で横に条をつけ、種は1cm間隔でまく。欠株がなければ、1条で80本の苗がとれる。

使う苗の本数に合わせて、畝の長さや種の数を調整するとよい。

発芽をそろえるコツは種によく水を吸わせること。手のひらで鎮圧し、足でも踏んで種と土をよく圧着させよう。

長ネギの種は小さく、平たくて指にくっつきやすい。指先をよく乾かしてから種をまこう

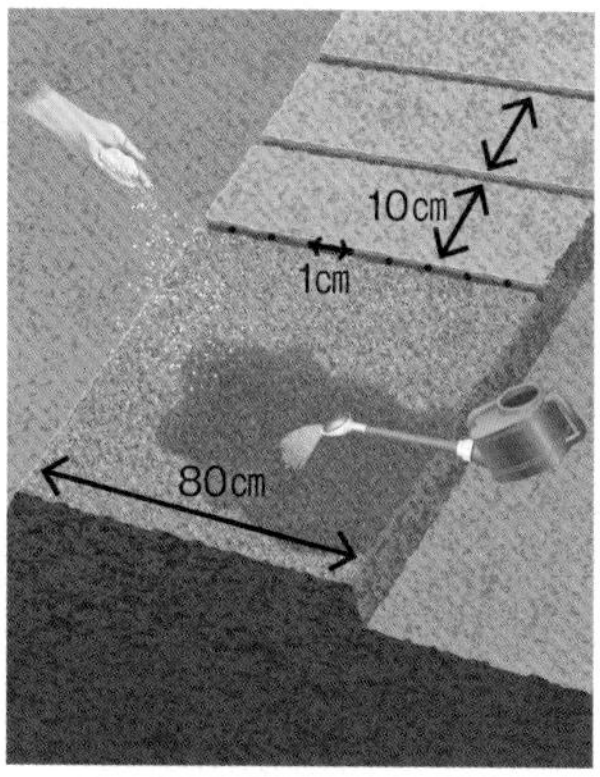

鎮圧後は籾殻をまいて、水をかける。籾殻で被覆することで、雨に当たって土が固まるのを防ぎ、雑草も抑制してくれる

ネギは横に広がらないので、苗の植えつけまで間引きはしなくてよい。ただし、単子葉で葉が細く、雑草に負けやすいので除草はこまめに

手のひらで鎮圧したあと、さらに足で踏んでしっかり鎮圧。足袋のように底が平らな履物を履いて鎮圧する

まき溝に種を1cm間隔で置いたら、指でスーッと両側から土を寄せて覆土する

2 苗とり

草丈40㎝で掘り上げ、水をかけて冷やす

一般的には草丈15～20㎝で苗をとることが多いが、わたしは草丈40㎝まで育てて、苗を掘り上げる。

〝落とし植え〟では深さ30㎝の穴に苗を植えていくので、穴から葉先が少し出るくらいの大きめのサイズがちょうどいいからだ。

苗の周囲を手で掘って、なるべく根を傷つけないように掘り出す。1本ずつほぐしてから苗全体に水をかけ、さらに新聞紙で包んで水をかける。

掘り出した苗に水をかけると、気化熱で冷やされてしおれにくくなる。また、新聞紙で包むことで保湿効果が保たれて、植えつけるまでフレッシュな状態を保てる。

❶種まきから3か月ほどで、草丈40㎝まで育つ。3月中に種をまけば6～7月には移植できる

❷周囲の土を手で掘って、なるべく根を傷つけないように苗を掘り出し、1本ずつにほぐす。土がかたく締まっていれば、ショベルで掘り起こす

❸初夏の頃は気温が高い。掘り出した苗がしおれないように、すぐに水をかけて、苗を湿らせてやる

❹さらに、苗を新聞紙で包んで上から水をかける。湿った新聞紙にくるむことで、植えつけまで鮮度をキープできる

3 植えつけ

高畝に棒で穴をあけ、苗を次々に放り込む

わたしの場合、苗の植えつけにさいし、高さ30㎝の畝を立てる。

高畝にするのは、〝落とし植え〟のためでもあるが、通気性と排水性のよい環境を整える目的もある。長ネギは酸素要求量が多く、多湿だと土の中の酸素が不足して、生育が衰えてしまう。

畝には棒で深さ30㎝の穴を5㎝間隔であけて、苗を1本ずつ放り込んでいく。

苗を穴に入れたら、覆土はしない。土で穴をふさいでしまうと、酸素が不足して根の活着が悪くなるおそれがあるためだ。

❶“落とし植え”するために高さ30㎝の畝を立てる。水はけがよくなり、苗はスムーズに生育する

穴あけには鉄パイプ

わたしは穴あけ用に径19㎜の鉄パイプを使う。長さ30㎝の所に目盛りをつけておくと、均一な深さに穴をあけられる

❷穴に苗を1本ずつ落としていく。苗と穴の隙間が気になり、土をかけたくなるが、穴を埋めてしまわないよう注意

❸株間5㎝間隔で植えつける。長ネギは横に広がらず、上に上に伸びていくので、これくらいの間隔でOK

4 除草・土寄せ

植えつけから1か月後、土寄せを1回だけ行う

長ネギは雑草に負けやすいので、畝のまわりはこまめに除草する。

植えつけから1か月ほどすると、葉鞘の白い部分が地上に見えるようになる。このタイミングで三角ホーや平鍬などを使い、土寄せする。畝の下から株元に向けて、畝の表層をかきながら土を盛っていくと、除草も兼ねられて合理的。

もともと深く植えているので、この1回の土寄せでじゅうぶん軟白化できる。また、土の表層がかき回されて空気が入ることで、土壌微生物の働きが活発になる。

除草・土寄せは追肥効果もある

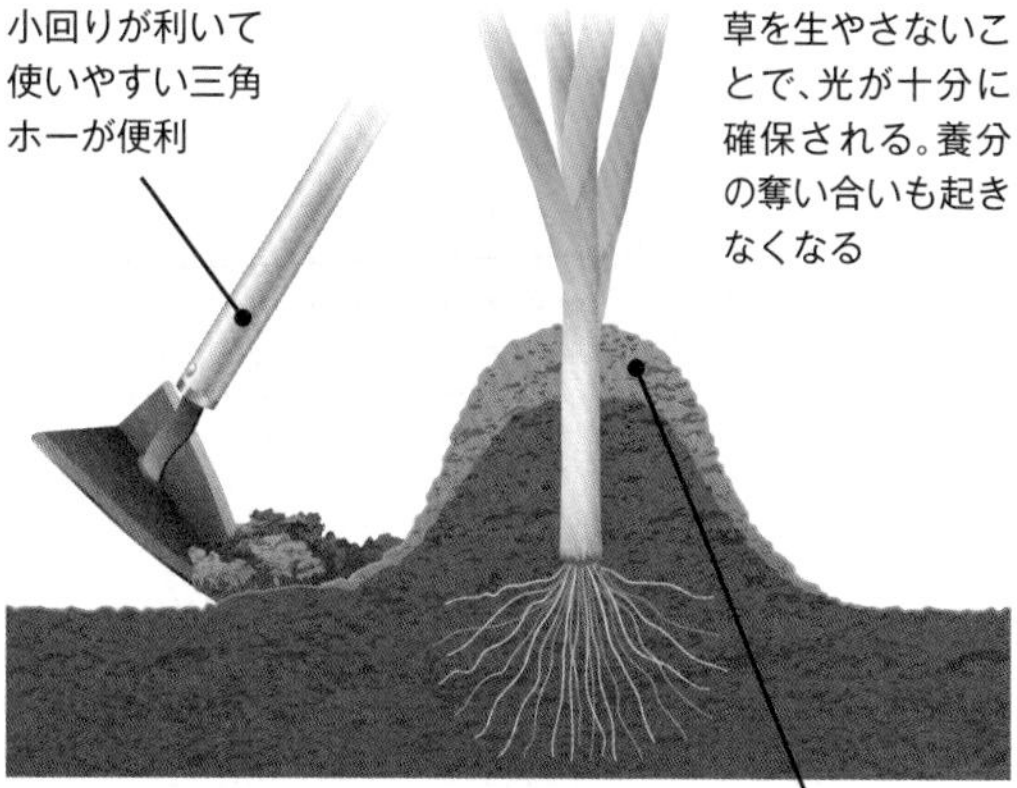

ふだん畝のまわりを除草するさい、わたしは土の表層をピーラーで削ぐように除草する

5 収穫

葉鞘の太りぐあいを見て、使う分だけ抜き取る

外葉が枯れ出して、葉の分岐部の太さが2㎝ほどになったら収穫期。必要な分だけ、そのつど引き抜こう。

高畝にしているので、ショベルを使わなくても手で簡単に引き抜ける。使う分だけ引き抜き、あとは畑に残しておくと、いつでも新鮮な長ネギを楽しめる。12月以降は寒さで生長は止まるが、甘みをたっぷり蓄えた太ネギを味わうことができる。

畑に置ける期間は品種によって異なるが、おおよそ1～2月まで。暖かくなってくると、ネギ坊主ができてかたくなるので、その前までに掘り上げる。

葉は青々としていて、光合成の働きは活発。葉鞘はまだまだ伸び、太さも増してくる。引き抜くのはまだ我慢

太さが2㎝を超えた頃が収穫の目安。霜が降りるようになると生長しなくなるが、甘みとうまみが凝縮される

高畝で育てたことで、手で簡単に引き抜ける。抜きにくいときは、株を前後左右に揺すり、土を緩める

立春を過ぎたら温床で育苗を始める

レタスやキャベツなどの葉物野菜は2月下旬〜3月上旬、トマトやナスなどの果菜類は5月上旬から苗の植えつけを始められる。苗づくりは畑への定植時期を考えて始めよう。

葉物野菜の育苗期間は20日前後なので、立春を過ぎた頃が目安となる。この時期の育苗には温床が必要だが、一度設置してしまえば、3月以降も果菜類の育苗に使える。

温床には市販の育苗用電熱マットを使っている。軒下に設置し、電源は室内からコードを延ばす。そして、トレーを置いてトンネルを掛ける。

電熱マットを使ったとしても、トンネル内の温度が上がりきらない場合があるので、かならず苗床に温度計を設置して、温度を測れるようにするとよい。

トンネル内は最低でも12℃を下回らないこと。夜間は穴なしのフィルムを掛け、必要に応じて毛布も掛ける。逆に日中暖かい場合は、25℃を超えないように裾を開けて換気する。

苗床にはかならず温度計を設置する。温床からの熱を直接受けないように、ブロックの上などに置く。また直射日光が当たらないように、紙パックなどでカバーを掛ける

温床育苗のポイント

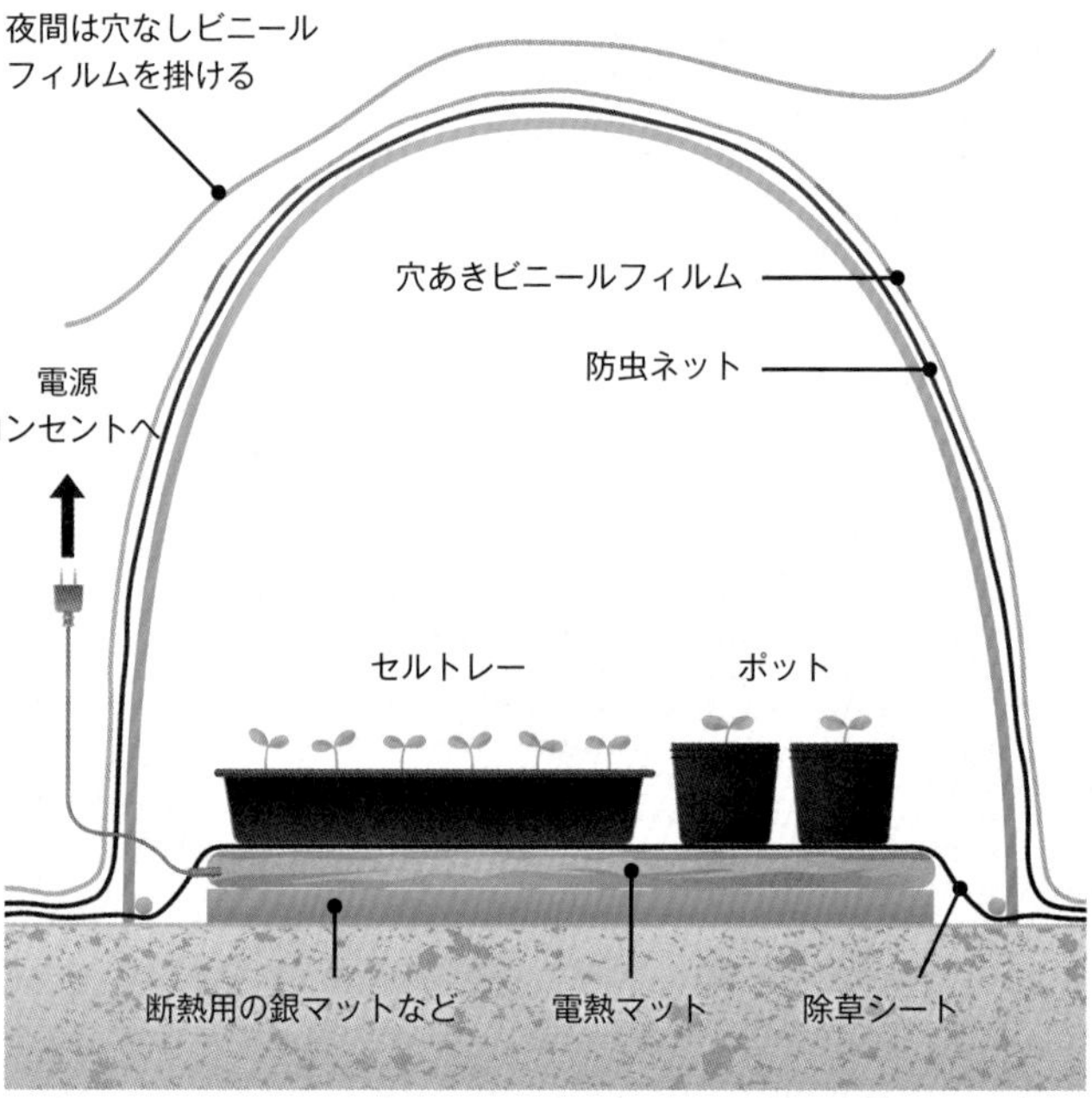

コンクリートの上に断熱用の銀マットなどを敷いてから電熱マットを敷く。さらに電熱マットの保護に防草シートを掛ける

トンネルの両サイドに園芸用支柱を置いて、トンネル用支柱を固定。さらにトンネル頂上にも支柱を通し、ひもなどで固定する

日中は防虫ネットと穴あきのビニールフィルムを二重にしてトンネル掛けする。裾を開けて換気するさい、虫の侵入を防ぐことができる。夜間には、さらに穴なしのビニールフィルムを上から掛けて三重にする

育苗開始

トマト苗の場合
セルトレーに種をまく

市販の種まき用培土に水をまいて湿らせ、鹿沼土を１割混ぜる。売り場では種まき用と育苗用が並んでいるが、種まきのときは粒の細かい種まき用培土を使う

培土の湿りけは、握ると固まり、少し触ると崩れるくらいが目安。鹿沼土を加えることで、苗が低栄養の環境に慣れ、自力で根を伸ばす力が鍛えられる

セルトレー（内田さんは128穴を使用）にすり切りまで土を入れて、指で軽く押さえる。土の厚さがまちまちだと、生育にむらができてしまう。土は均一に入れる

１穴に１粒ずつ種をまき、鹿沼土をかけて覆土する。鹿沼土は乾燥すると白っぽくなるので、灌水むらに気づきやすくなる

じょうろの蓮口を上向きにして、土に水がふんわりと当たるように全体に３往復、水をかける。これを数回繰り返し、時間をかけて水をしみこませる

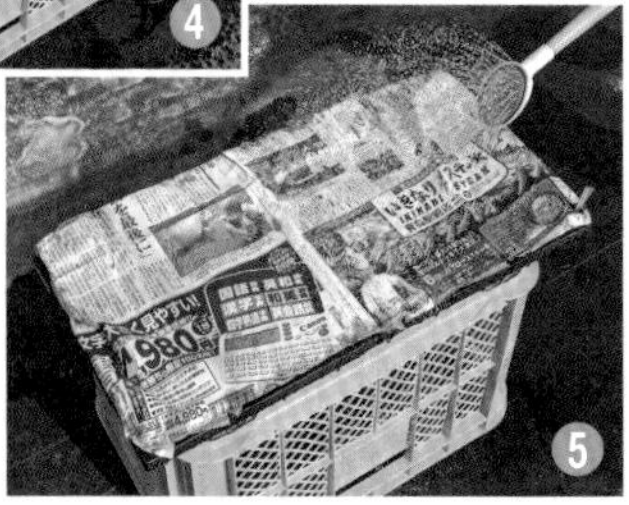

さらに、新聞紙の上から水をかける。数日後、発芽しかけてきたら新聞紙を外す。以後、晴れた日の午前中に水をやり、曇りや雨の日は水やりを控える

20〜25日後

セルトレーからポットに鉢上げする

本葉が３～４枚展開した頃、ポットに鉢上げ。粒の大きい育苗用培土を使い、鹿沼土を１割混ぜてポットに９割ほど詰めたら、指で穴をあける

セルトレーの下から棒で根鉢を押し上げて、根鉢が崩れないように取り出す

根鉢をポットの植え穴に入れる。このとき、根鉢がポットの高さよりも数ミリ高くなるようにする。最後にすり切りまで土を入れる

根鉢が凸になるように鉢上げし、胚軸部分に潅水すると種子根が露出し、「わし根」になる。わし根に日が当たって緑化することで、病気に強い苗になる

50〜55日後

苗同士の間隔をあける

本葉が８～10枚ほど展開すると、隣の葉と重なってくる。光合成が十分に行われないと、徒長して弱い苗になるので、ポットをずらして苗同士の間隔をあける。また、植えつけ１週間前から電熱マットの電源を切り、日中は換気をして、徐々に外気に慣れさせてやる

春は作りやすく、葉もやわらか。
苗の移植と黒マルチで欠株なし

レタス

地中海沿岸から西アジア原産で、やや乾燥した涼しい気候を好む。秋作もできるが、春先に始めると葉がやわらかで歯ごたえもよい。2月に温床で育苗を始め、3月に畑に植えつけると5月中にはとれる。

この作型のメリットは、湿気が多く腐りやすくなる梅雨の前に収穫できること。植えつける頃はまだ虫の食害が少なく、黒マルチを張った畝で育てると除草の手間がかからず、泥跳ねも防いでくれる。パリパリの元気なレタスに育つはず。

わたしは、葉肉が厚く、低温でも結球しやすい玉レタスの『シスコ』(タキイ種苗)、リーフレタスながら歯ごたえがよく、苦みが少ない『マザーグリーン』や『マザーレッド』(ともにタキイ種苗)をつくっている。

種まき時期
寒地・寒冷地　3月中旬〜4月中旬
一般地　2月上旬〜3月中旬
温暖地　2月上旬〜3月上旬

1 苗づくり

苗床は12℃を下回らないよう維持する

立春を過ぎた頃、わたしは電熱マットを使ってレタスやキャベツの育苗を始める。鹿沼土1割を混ぜた種まき用培土をセルトレーに詰め、1穴1粒ずつ種をまき、鹿沼土で覆土する。

トンネル内の温度は25℃以下、夜間は12℃を下回らないように注意を払う。冷え込む日は、トンネルの上からさらに毛布を1枚掛けると安心だ。

やや乾燥を好む野菜なので、過湿には気をつけたい。水やりは晴れた日の午前中にして、夕方は根鉢がやや乾いているくらいがベスト。光合成の働きが弱くなる曇りや雨の日の水やりは避ける。

わたしは128穴のセルトレーを使う。種まき用培土を均一に敷き詰め、1穴に1粒ずつ種をまく

蓮口を上向きにしてふんわりと水が当たるようにする。水が勢いよくかかってしまうと培土がかたく締まって、苗の生育が悪くなる

微生物の働きを活性化させるEM活性液を、1000倍に希釈して水やりする。小さなうちから有用微生物と共生させることで、健康に育つ

種をまいて20日ほどが経過して、間もなく定植時期。双葉がまだピンとしていて、葉色は濃すぎず、順調に生育している

2 植えつけ

黒マルチを張って、病気と雑草から守る

本葉4～5枚になったら植えつけ適期。定植の1週間前から電熱マットの電源を切り、換気して徐々に外気に慣れさせる。

その後は、黒マルチを張った畝に苗を植えつける。

黒マルチを張っておくと地温が上がり、除草の手間も省ける。泥跳ねも防いでくれて、病気の予防にもなるからだ。

植えつけ後は防虫ネットでトンネルを掛け、虫の飛来を防ぐ。

植えつけの2時間前、根鉢を水に数十秒つけて、日陰に置いておく。苗自身が水をしっかり蓄え、しおれづらくなる

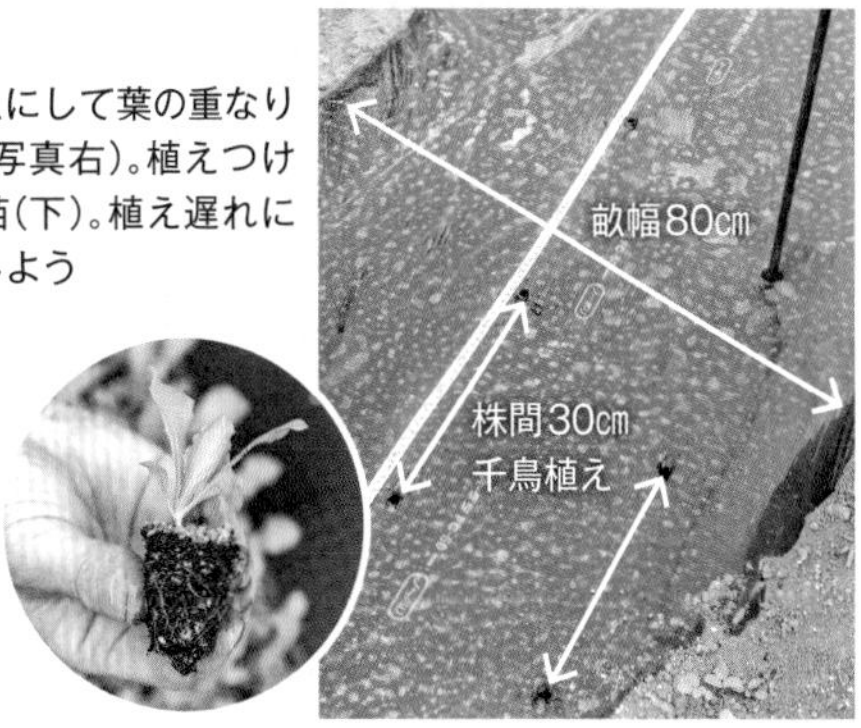

千鳥植えにして葉の重なりを防ぐ(写真右)。植えつけ適期の苗(下)。植え遅れには注意しよう

苗を植えたら、マルチ穴は土でふさぐ。隙間があると、そこから風が入って苗が傷むことがある

黒マルチに指で穴をあける。なるべく植え穴が小さいほうが、あとで雑草が生えてこない

3 収穫

玉もリーフも梅雨前にとりきる

玉レタスは手で押してみて、かたく締まっていたらしっかり結球している合図。手で押さえて株元から切り取る。小さなまま結球したものも、それ以上大きくならないので収穫する。

一方、リーフレタスは家庭菜園では利用する分だけ外葉をかき取り、最後に株ごと切り取る。

リーフレタスは大株に育つので、外葉をかき取りながら摘むと、新鮮な葉を長期間楽しめる。

ただし、収穫は5月いっぱいで終えるようにする。梅雨に入り、雨に当たると葉の状態が悪くなってしまうからだ。

収穫期を迎えた『マザーグリーン』。千鳥植えにしたことで外葉が重ならず、株のそろいがよい

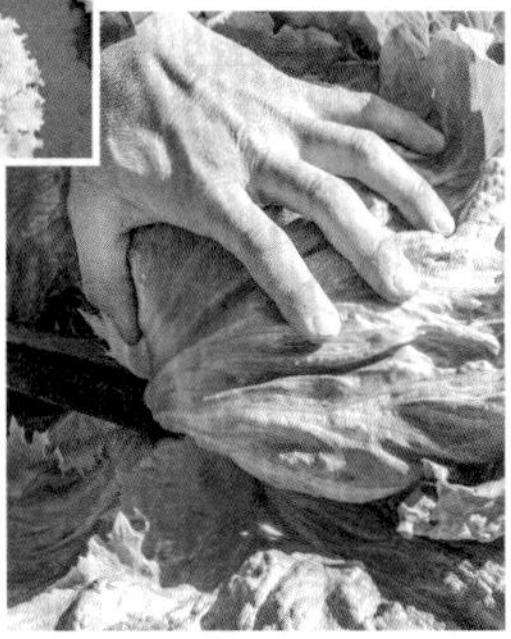

玉レタス『シスコ』を収穫する。結球部の締まりがよく、外葉も青々としている

ブロッコリーとの混植もおすすめ

キク科のレタスはアブラナ科のブロッコリーに飛来する害虫を遠ざけてくれる。同じ畝で育てて、ブロッコリーの茎葉が大きく育った頃、先にレタスを収穫し、そのあとブロッコリーを収穫すると、光の奪い合いは起きない。ブロッコリーは大量の残渣を残してくれるので、これを鋤き込むことで次作の土づくりになる。

循環の手始めに、エンバクを通路にまこう

まず緑肥作物の役割を確認しておこう。根を張らせることで土がやわらかくなり、刈って鋤き込めば畑を肥やしてくれる。また雑草の抑制、害虫予防に役立つ。ソルゴーのほか、ムギ類のエンバクやマメ科のヘアリーベッチがよく知られている。

緑肥作物を育てるのは、微生物を飼っているようなものだ。根のまわりに微生物や土壌動物が集まり、腐植質が増えて土がふかふかになる。養分の循環も早くなる。

なかでもエンバクを重宝している。生長が早く、ワンシーズンで何度も使えて、刈って敷けば地温や湿度を安定させる天然のマルチとなる。また、細かく刻んで土に鋤き込めば早く分解し、循環を加速してくれる。

わたしの場合、毎シーズン、トマト、ナス、ピーマン、キュウリの苗を植えつける前までに、エンバクの種を畝のわき（通路）にばらまき、深さ3㎝くらい土に混ぜ込む。

エンバクの草丈は50～100㎝。40㎝まで生長したら、株元から10㎝を残して刈り取り、通路に敷く

エンバクにもいろいろな品種があるが、わたしが使っているのは線虫を抑えてくれる『ヘイオーツ』

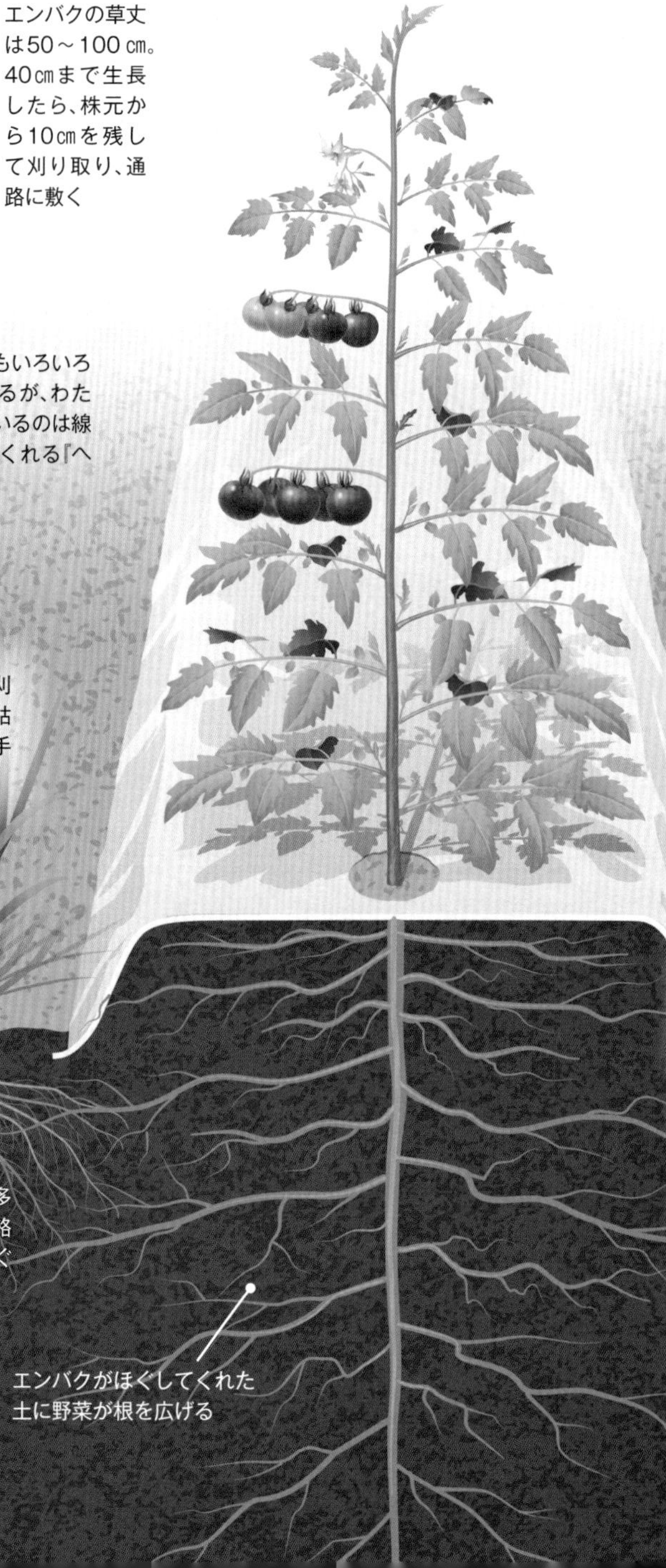

エンバクの根。量が多く、しかもよく張り、絡み合いながら土をほぐしてくれる

エンバクが仲立ちする
トマトのための循環菜園

エンバクのメリットはおわかりいただけただろうか。先に「循環菜園の実現には、助走期間が要る」と記したが、後作にエンバクを栽培することで助走期間を短くすることができる。

畑の面積が限られる場合はもったいないと思われるかもしれない。しかし土は確実に、早く肥える。

トマト栽培の実例を追いながら、1年を通したエンバクの使い方を見てみよう。エンバクを年に2回、春と秋にまいている。

絶え間なく作り回し続ける

3月13日

秋にまいたエンバクが背丈40～50㎝となり畑を覆っている。これを鋤き込んで、トマトの作付けに移る

4月16日

トマト用の畝を立てる前の状態。前年の秋に全面的にばらまきしておいたエンバクを、3月上旬に鋤き込んだ。エンバクが分解された場所は、どんな野菜でもよく育つ

1回目のエンバクの種まき

4月20日

5月5日

トマトの苗を植えつけた。植えつけの2週間前に、通路にまいたエンバクはすでに発芽している

5月19日

トマト、エンバクともに順調。エンバクは草丈40㎝に育ち、最初の刈り取り

6月17日

刈ってもまた伸びだす。通路のエンバクは3回刈って敷いた。トマトは生長を加速させ、どんどん花を咲かせる

6月29日

この頃、エンバクは最後の刈り取り。トマトは実がつき始め、収穫が始まった。支柱の頂点にも主枝が届いた

7月8日

エンバクは本格的な夏を前に自然に枯れる。トマトは旺盛に育ち、枝が混んできた。全体の重さに支柱が耐えられるよう、補助用の支柱を差したほど

エンバクがほぐしてくれた土にトマトが根を張りめぐらしたのであろう。とりきれないほどの実をつけた

2回目のエンバクの種まき

10月29日

長く続いたトマトの収穫を終了。地上部を刈り取り、残渣をちぎって鋤き込んだあと、エンバクの種をまいた

畑の生態系を自分好みにできる循環の優等生

トマト

トマトは土壌を自分好みの生態系に変える力が強い。連作を繰り返すほど、病原菌に対抗する土壌微生物が定着し、トマトが育ちやすい畑へと変わっていく。トマトを頂点とした生態系ができあがるのだ。たいせつなのは残渣を鋤き込んで、翌年も同じタイミングで作ること。その繰り返しが“トマトを糧に生きていく生態系”を安定させる。

わたしはミニの『アイコ』(サカタのタネ) を毎年、安定的に作っている。『アイコ』は雨よけなしでも割れにくく、露地栽培ではまちがいのない品種である。背丈が1mを超えたら枝を伸ばしほうだいにする、わたし流の放任栽培なら、少ない手間でも嫌というほどとれるはず。

植えつけ時期
寒地・寒冷地：5月中旬～6月上旬
一般地：5月上旬～5月中旬
温暖地：4月下旬～5月中旬

68ページの育苗の方法を参考にして、準備開始!

1 苗の準備

苗は「どぶづけ」すれば、植えつけ後にしおれにくい

苗は、第1花房のつぼみが開花しかけたら植えごろ。植えつけ2時間前に、ポットごと根鉢を水につける「どぶづけ」を行う。引き上げたら日陰に置き、水が苗に回るのを待つ。植えつけによる環境変化に強くなり、植えつけ後もしおれにくくなる。

苗の根のまわりの土壌微生物を活性化させるため、つける水にＥＭ活性液を１０００分の1量入れている。畑に出発する苗に〝有益微生物のお弁当〟を持たせるイメージだ。市販の乳酸菌飲料でも代用できる。

どぶづけの方法

「どぶづけ」には、雨水か前日からくみ置いてカルキが抜けた水道水を使う。苗の根鉢を数十秒つけて、泡が出なくなったら水がしみこんだ合図。引き上げて日陰に2時間置くと、全体に水が行き渡る

第1花房の開花が始まり、葉の緑色が濃すぎないもの。上写真のように白い根で、巻ききっていないものが理想的

子葉が落ちて黄変し、節間が間のびしている苗。根は茶色で、根鉢が何重にも巻かれている。ただし、「揺すり洗い」と「寝かせ植え」をすることで回復できる

2 植えつけ

有機物マルチの枯草菌で疫病を防ぐ

夏野菜を育てるのに、わたしは白黒マルチを常用している。真夏の地温の上がりすぎと乾燥を防ぐとともに、雨による泥跳ねを抑えて病気予防に役立つ。さらに、有機物のマルチを併用する。白黒マルチの上から株元を有機物マルチで覆っている。

有機物についている枯草菌が悪玉の菌、トマトだったら疫病菌と競合して防いでくれる、と考えている。

支柱の強度を上げるため、マイカ線を地上から20㎝と1m、1.8mに張る。最下段はネットのレール用

誘引用の支柱にはネットを

誘引用の支柱はアーチ型で、2畝に渡してネットを張る。植えつけ2～3週間前に、通路にエンバクをまいておこう。踏み固められていないので種まきが楽で、有機物の量も確保できる

植え穴に水を注ぐ

根鉢の高さよりも浅い植え穴を掘る。ネットに誘引しやすいよう、穴は畝の中央より支柱側に寄せる。活着しやすいように、植え穴にじょうろで水をたっぷり注ぐ。ここに、EM活性液や乳酸菌飲料の1000倍希釈液をプラスすると土壌微生物が活性化する

植えつけ

植え穴から根鉢が1㎝ほどはみ出るくらいに植えつける

根洗い

植えつけ後、勢いよく水をかけて株元を露出させる。地際の茎が紫色になり、露出した根元から種子根の「わし根」が発達する。これは、養分吸収力が強く、病気に強い丈夫な株の証し

剪定枝チップを敷く

わたしは有機物マルチとして、剪定枝チップを使う。バーク堆肥や腐葉土でも代用できる。マルチ穴をふさぐように、株元に盛る

納豆菌は枯草菌の一種。容器に残った粘りを水に溶いて株元にまいても、活着を促す効果がある

「揺すり洗い」と「寝かせ植え」で老化苗が若返る

すでに小さな実がついている、第2花房ができている、子葉が落ちて全体的に黄化している、わき芽が大きい、といった苗は老化が進んでいる。それでも諦めずに、根鉢を水中で「揺すり洗い」してから「寝かせ植え」にすれば、地中に埋めた茎からも根が出て活着しやすくなる。

揺すり洗い

「どぶづけ」と同じ要領で用意した水に、根鉢を入れる。やさしく揺すって、根の土を洗い流す

寝かせ植え

第1花房の下にある3節ほどを地上に出して、寝かせた状態で植える。地中に埋める部分の葉はすべて取ること。葉を埋めると生育障害を招く

3 植えつけ後の管理

風通しを意識し "面倒見よく"放任する

第1花房直下のわき芽を残し、それより下のわき芽はすべて取る。株の上下でメリハリをつけるのがコツ。

生長とともに、太いわき芽をもう1～2本伸ばし、地上1mほどまでは主枝と側枝の3～4本を伸ばしていく。1mより上は芽かきをやめて放任するが、下方の枝はスッキリと整理して風通しをよくしておこう。これで、病気のリスクは減るはずだ。

また、この頃にはエンバクが通路を覆って雑草の生長を抑制してくれる。エンバクがあることで、通路を踏みしめても土がかたくなりにくく、排水性も保たれる。

わき芽は5～10㎝伸ばしてから取る

地上1mまでは第1花房の直下および、側枝とする1～2本の太いわき芽以外のわき芽はすべて取る。生長点が伸びると根も伸びる。根張りをよくするために、わき芽は5～10㎝伸ばしてから取るのがポイント

葉は厚みがあって淡い緑色で、葉脈がはっきりと見える。虫が好まない、炭素率が高い植物になっている証拠

太くて丈夫な主枝の分岐あたりを、地上20㎝に張ったマイカ線に麻ひもで誘引する

エンバクが肥効を担う

エンバクは草丈40㎝になったら10㎝残して刈り、通路に敷く。トマトの第2花房が着果したら2～3週間に1回、通路に米ぬかやボカシ肥を1㎡当たり100gばらまく。エンバクも分解が進み、養分化していく

梅雨前に、通路のエンバクの上を有機物のマルチで覆う。泥跳ねを防ぐとともに、枯草菌の密度が高まって疫病の原因となる菌を排除する。土壌の保湿や団粒構造の維持などにも役立っている。残渣をめくると、小さな虫や微生物が活発に活動して分解が始まっていることがわかる

植えつけから45日

エンバクは10㎝を残して刈り取って通路に敷き、その上を剪定枝チップで覆う

植えつけから60日

株元のわき芽を取ったことで、風通しと採光は申し分ない。エンバクはこのあと梅雨明けに枯れるが、それまで3回ほど刈って敷くことができる

4 収穫

着果の負担を除くことで秋までとり続ける

途中から枝を伸ばしほ放題にすることで根量が増えて、頑丈な株になる。気をつけるのはとり遅れくらいである。

赤くなったらすぐに収穫しよう。着果の負担を除くことで、次の果房に養分が回るようになる。とることがなによりの追肥となるわけだ。

大玉なら支柱の頂点で摘芯するところだが、どの枝もそのまま伸ばし続ける。

10月いっぱいまで収穫ができる。

果房の奥から色づいてくる。上に向けて引っぱるときれいにとれる。最盛期は毎朝とる

支柱の頂点を超えても伸ばし続ける。重さで外側に倒れやすいので、マイカ線を張る

10月上旬の様子

植えつけから5か月たった10月上旬の様子。まだまだとれるため、次作を考えると、むしろやめ時が難しい

枝葉の整理と“エンバク”で、うどんこ病を寄せつけない

キュウリ

　ウリ科野菜のキュウリは暑さに強いと思いきや、原産地はヒマラヤ山麓で生育適温は18〜28℃。夏の暑さが苦手で、乾燥にも弱い。わたしは野菜の原産地を重視するので、畝に白黒マルチを張るなどして暑さ対策に努めている。

　キュウリの栽培では、葉が白いカビで覆われる「うどんこ病」が悩ましい。発生するとたちまち広がり、梅雨明け前に枯れてしまうことさえある。これにはエンバクをキュウリのわきに作ることで予防できる。うどんこ病菌はエンバクにも取りつく。すると、うどんこ病菌に寄生する菌が発生して、それがキュウリのうどんこ病菌にも寄生してくれるのだ。枝や葉を整理して風通しをよくしておくことも、うどんこ病予防の基本である。

植えつけ時期
寒地・寒冷地：5月上旬〜6月中旬
一般地：5月上旬〜7月上旬
温暖地：4月中旬〜6月下旬

1 育苗

種まきから定植まで1か月。キュウリは育苗がおすすめ

　市販の苗は手軽だが、キュウリは育苗にチャレンジしたい。4月に種まきをすれば、5月に苗を植えられる。温度管理が難しく、できあがりまでは2か月以上かかるトマトやナスよりも、ずっと簡単だ。

　市場に出回らない珍しい品種を選べるのもうれしい。わたしのお気に入りは『バテシラズ2号』（自然農法センター）。「病気と暑さに強く、食味も良好。毎年安定してとれている。

　また、育苗することで5〜7月のあいだに複数回の植えつけができる。病気リスクが分散され、長期間の収穫も可能になる。

じょうろの蓮口を上に向け、全体にやさしく水をかける。表土が湿るまで数回繰り返す。水を少しずつ含ませることで、土に含まれる空気の層が潰れず、保水性が上がる

本葉が大きくスペースをとるため、縦横4×4㎝、深さ4㎝のセルトレーに種まき用培土を詰める。土に隙間があると根張りが悪くなるので、指で適度に押し込む

本葉2〜3枚で10.5㎝ポットに鉢上げ。植え替えることで、根が発達した丈夫な苗ができる。ただし、隣の苗と葉が重なると、日照不足で徒長するおそれがある。ポット同士の間隔をあけて、日当たりと風通しを改善する

2 植えつけ

白黒マルチを張り、暑さと乾燥を防ぐ

白黒マルチの白面を表にして張って地温上昇を抑えるとともに水分を保持。泥跳ねを防いで、病気の予防もする。マルチの代わりに、稲わらや籾殻などで畝を覆ってもよい。

苗は根鉢を地表より1㎝上げる浅植えにする。露出した株元から強い種子根が発生し、浅根性のキュウリが根を張りやすくなる。

内田さんは、エンバクの種を植えつけ前に通路にまく。

苗は本葉4枚が植えつけ適期。根鉢から白い根が出る苗（右）が強健。茶色の根鉢が巻いている苗（左）は、新しい根がなかなか伸びないので避ける

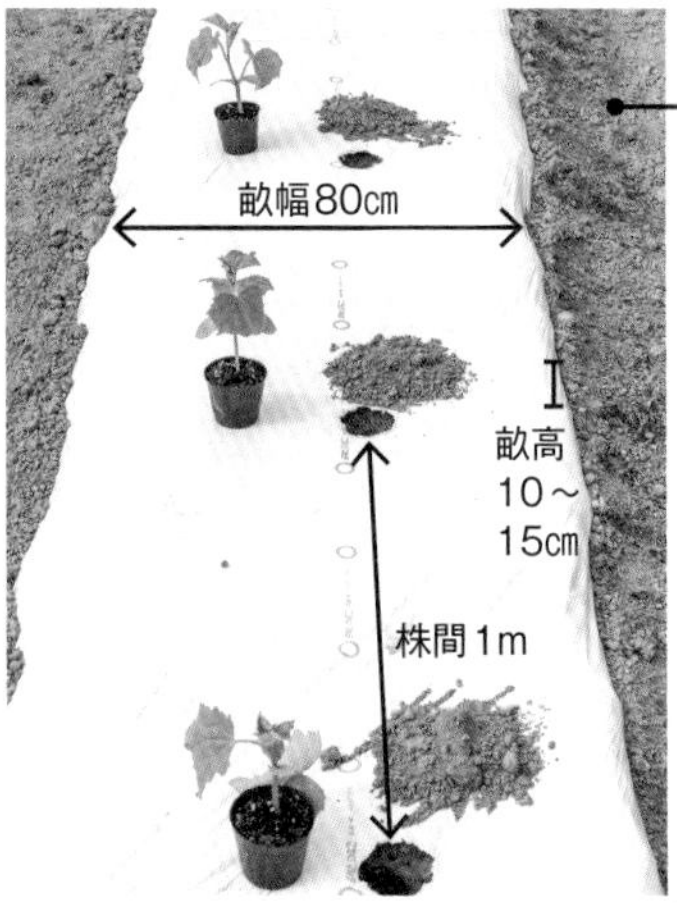

1～2年めは1㎡当たり完熟牛ふん堆肥2㎏と腐葉土2㎏を入れる。植え穴が中心でないのは、支柱に張ったネットに誘引しやすくするため

風が吹き込まないように、マルチの隙間は土で埋める

植え穴にはたっぷり水を注いでおき、浅植えにする

3 誘引・摘芯

子づる3本を均等に立ち上げる

親づる（主枝）が7～8節まで伸びたら先端を摘芯し、元気のいい子づる3本を伸ばす。ポイントは、間隔をあけること（目安は葉1枚分の幅＝25㎝）。光合成しやすいように、光をよく当ててやることで養分が盛んにつくられるのだ。

同じ理由で孫づるは放任して茎葉を増やし、光合成を活発にさせる。その結果、実つきもよくなる。

新しい葉が展開しないのは、発根が止まったため。内田さんは水で500倍に希釈した酢と、1000倍に希釈したEM活性液を混ぜて葉面に散布する。酢は、止まっていた代謝を動かすスイッチとなる

高さ2mのアーチ型支柱を2畝に架けて、キュウリ用ネットを張る。地上から1mと1.8mにはマイカ線を横に張る。5月下旬、通路のエンバクは草丈15㎝ほどになった

7～8節まで生長したら、ネットに立てかけるように麻ひもで誘引し（下写真）、先端を摘芯する。このあと、摘芯位置よりも下から出る元気のいいわき芽3本を、子づるとして伸ばす。それ以外のわき芽は、かき取る

4 摘果・追肥

曲がり果は疲れぎみのサイン

子づると孫づるにつき始める、地上20㎝より下の雌花も摘み取る。

ただし、つぼみではなく、開花するのをわざわざ待ってから摘むこと。これは、実をつけようとする生殖生長の勢いに、ブレーキをかけないようにするためだ。

また、採光と通風のために、重なった葉や黄色の葉は適宜取る。取った葉は、通路に置いておけばよい。通路のエンバクは草丈40㎝になったら地上10㎝を残して刈り、その場に敷いておく。どちらも分解されて土を肥やしてくれる。

伸ばす3本の子づるが1mに張ったマイカ線まで届いたら、それぞれ誘引する。

子づるは、おたがいの葉が重ならないよう、葉1枚分の大きさである25㎝ほどの間隔を均等にとって、ネットに誘引して立ち上げていく

着果負担を減らすため、株元から高さ20㎝以下についた実は、早めにとる

地上20㎝より下の雌花は、あえて咲くまで待ってから摘む

5 収穫

絶えず実をとり、着果負担を減らす

実をならせたままにしておくと、新しい実がつかなくなる。開花からわずか7日で収穫できるので、できれば朝夕見回って、20㎝ほどの長さのものから、どんどん取っていこう。

混み合ってくる黄化した葉や傷んだ葉も取り除いていく。ただし、葉を取りすぎると光合成量が少なくなる。

実がつかなくなったら収穫を終え、ネットから外したつるなどの残渣は畝に鋤き込む。

とりごろは長さ20㎝。遅れるより、若採りを心がけたい

風通しをよくするため、下の方の重なっている葉を取る。日陰で黄化した葉や、枯れが出てきた葉は優先的に落とす。このくらいすっきりしているほうがよい

順調な生育の葉は透明感がある若草色。葉色が濃いと肥料過多で、薄いと栄養不足

エンバク＋米ぬかが好循環を生む

実がつき始めたら2～3週間に1回、エンバクの上から通路に、米ぬかやボカシ肥を1㎡当たり100gまく。窒素の補給とともに微生物を活性化させてエンバクが分解され、追肥となる

通路では土壌生物がエンバクを分解し、養分の循環が起こっている。キュウリの白い毛細根が、養分を求めて伸びてきている

キュウリの葉裏にくっきりと浮き上がる葉脈。これは毛細根が発達している証拠

混植によってカメムシが
減少し、良いさやが増える

エダマメ

エダマメでよくある失敗は２つ。１つめはさやをカメムシに吸われて実入りが悪くなってしまうこと。もう１つは、肥料が多すぎて枝葉ばかりが茂るつるぼけだ。

トウモロコシとの混植で、エダマメにつくシロイチモジマダラメイガが不思議と寄りつかなくなる。どちらにもカメムシは寄ってくるのだが、おたがいのメイガが忌避されたことで、カメムシの数も減っていることを実感している。いっしょに育てるようになってから被害が減って、良いさやが着くようになった。

トウモロコシは収穫まで90日が目安の『ゴールドラッシュ』(サカタのタネ)、エダマメは収穫まで60日程度の早生種『味風香』(雪印種苗)。わたしは、この２つを毎年作っている。

種まき時期
寒地･寒冷地：５月上旬～６月中旬
一般地：４月下旬～５月下旬
温暖地：４月中旬～５月下旬

エダマメとの混植で
肥料を分け合う

トウモロコシ

肥料をたくさん吸ってぐんぐん大きくなるトウモロコシ。肥料切れを防ぐには、エダマメといっしょの畝で作るのが得策だ。エダマメの根に共生する根粒菌が提供してくれる窒素分をトウモロコシが使う、という好循環が生まれる。

また、エダマメとの混植は、トウモロコシの大敵アワノメイガの防除にもなる。エダマメの香りを嫌うからのようだ。実際、わたしの畑の被害も少なく、その効果を実感している。

なお、トウモロコシは自家受粉できないので、かならず複数の株を近接して育てる必要がある。わたしは２列で作り、その間にエダマメの種をまいている。地力が高いわたしの畑では追肥しないが、トウモロコシの伸びが悪いようなら、種まきから２週間と４週間のタイミングで追肥する。

種まき時期
寒地･寒冷地：５月上旬～６月下旬
一般地：４月中旬～５月下旬
温暖地：４月上旬～５月下旬

トウモロコシとエダマメは、いっしょに作るのが得策

　トウモロコシは、風で花粉が飛ばされて受粉する「風媒花」。受粉不良にならないよう同じ品種を10本程度、2列で植えるのが一般的だ。

　もともとアメリカ先住民は、トウモロコシをインゲンといっしょに育てていた。インゲンの根につく根粒菌が固定する窒素を利用するほか、おたがいの根についた菌根菌がネットワークを発達させ、養分のやりとりを円滑にすることでたがいの生育がよくなることを経験から知っていたようだ。また、トウモロコシで日ざしが遮られることも、乾燥が苦手なエダマメには快適な環境になる。

　こうした古代の知恵を活用することで、下の3つの大きなメリットが生まれる。

1.面積当たりの収穫量が増える

受粉率を考えると、トウモロコシは2列で育てたい。その条間を利用してエダマメを育てることは、スペースの有効活用になる。トウモロコシの草丈は170㎝ほどになり、株元は日ざしが遮られてしまうが、乾燥が苦手なエダマメにはむしろ好都合。

2.たがいの生育を助け合う

エダマメ、トウモロコシのそれぞれの根につく菌根菌が、土壌中に菌糸を伸ばし、肥料成分のリン酸、カリウム、マグネシウムの吸収を助けて、たがいの生育がよくなる。

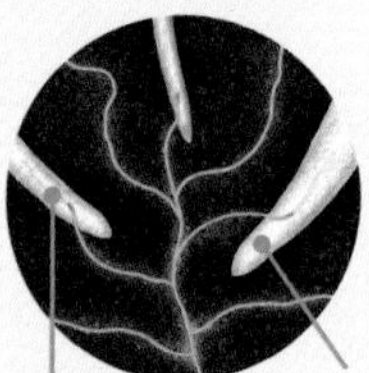

たがいの根についた菌根菌の菌糸によるネットワークが形成される

エダマメの根

トウモロコシの根

3.両方とも緑肥になる

葉も細かく刻み、土に還りやすくする

トウモロコシもエダマメも、その残渣は緑肥作物と同等の優れた有機物となる。少々大変だが、残渣はなるべく細かく刻むこと。土に還るのが早くなる。さらに1㎡当たり200ｇの米ぬかを加えると分解が早くなる。

1 畑の準備と種まき

●畑の準備

畝幅80㎝に、95㎝幅の黒マルチを敷く。株間30㎝、条間30㎝で植え穴をあける。中央の列はエダマメ用。風通しをよくするため、各列の穴は少しずつずらすようにあける

●種まき

トウモロコシ

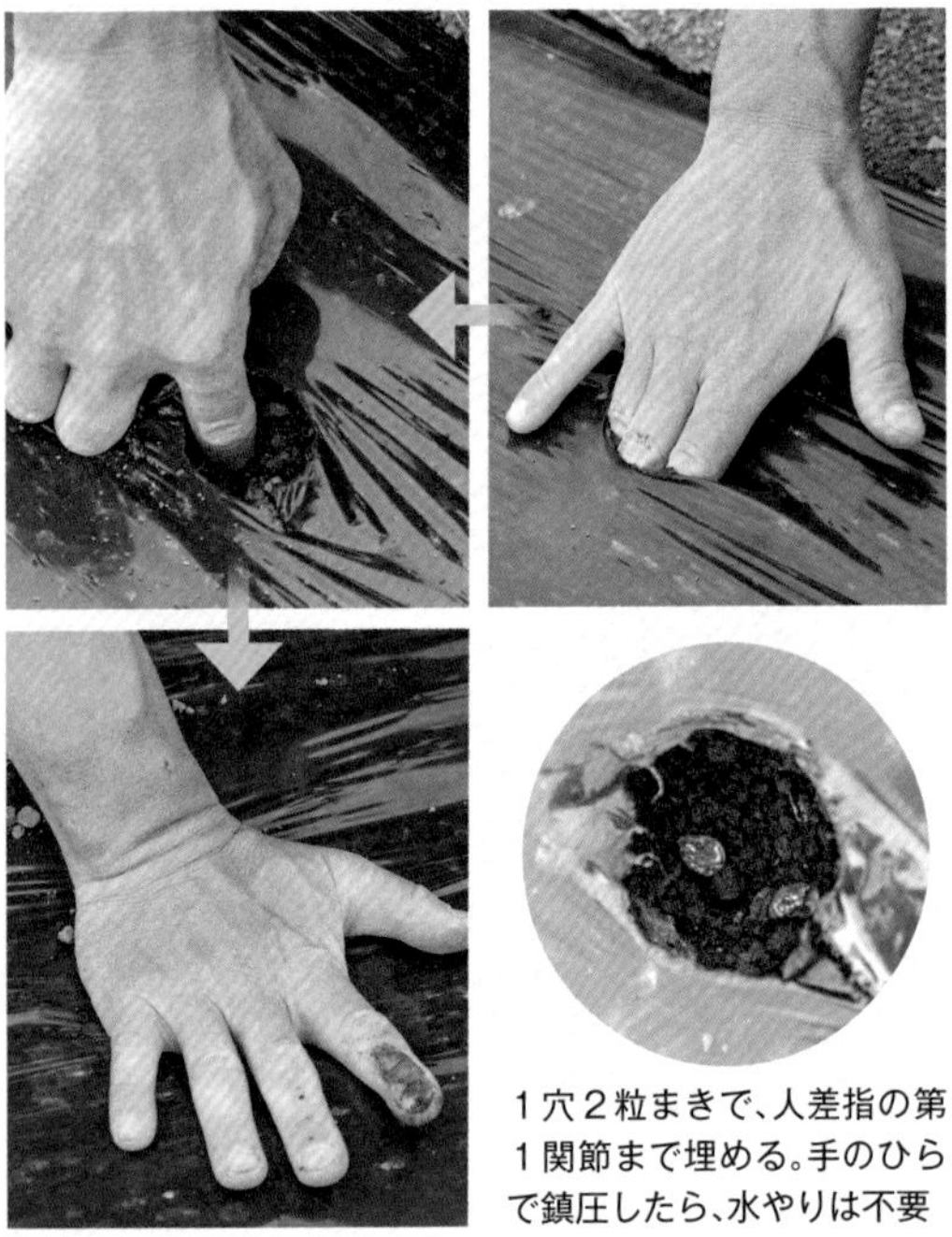

1穴2粒まきで、人差指の第1関節まで埋める。手のひらで鎮圧したら、水やりは不要

エダマメ

トウモロコシと同時に種をまく。1穴2粒まきで、人差指の第1関節まで埋めて覆土。水やりは不要

2 種まき後の管理

トウモロコシは本葉5枚で間引き、養分を集中させる

種まき後、発芽前の種が鳥に食べられないよう不織布のトンネルを掛ける。保温効果も高い。トウモロコシが伸びて不織布を持ち上げたら、トンネルを外す。

トウモロコシが本葉5枚になったら、状態の悪い株を間引く。マルチ穴に生えた雑草は、養分を奪うので、小さいうちに抜き、根を上にして通路に置けばいい。分解して土を肥やしてくれる。

どちらも伸びがよくない場合は、種まきから2週間後、4週間後の2回、1㎡当たり150〜200gの米ぬかを通路にまいて追肥をする。

トウモロコシには1株当たり2〜3つの雌穂が出てくるが、生育のよい最上部の雌穂だけを残して、他は小さいうちに摘む。残した1つに栄養を集中させる。

●発芽

種まき2週間後のエダマメ。間引かずに、このまま1穴2株で生長させる

種まき2週間後のトウモロコシ

種まきの3週間後。頂上に雄穂が伸びている。このあと出てくる2〜3つの雌穂は、いちばん上の1つを残して摘む。マルチは強風で剥がされてしまったが、生育に影響はなかったため、このまま育てる

3 防鳥ネットを掛ける

収穫間近のトウモロコシはカラスの被害にとても遭いやすい。大きめのハウス用支柱を組み、防鳥ネットを張りめぐらせている。

また、トウモロコシの頂上に出る雄穂は、フワフワの穂から花粉が落ちて受粉が始まった頃、5株に1株の割合で残して、他は切る。これにより、アワノメイガによる食害を減らせる。全株数の2割の雄穂が残っていれば、花粉が風で飛ばされて受粉するので、人工授粉は不要だ。

4 収穫

●エダマメ

さやが膨らんだら、茎を根元からはさみなどで切って収穫する。エダマメはとり遅れると、さやが黄色っぽくなり、豆がかたくなってしまう。さやが若草色のうちに、若採りぎみで収穫するとよい。

株元からはさみで切って収穫。残った株や落とした葉はその場に放置し、残渣として鋤き込む

●トウモロコシ

収穫前に少し皮をむき、上部の実がしっかり膨らんでいるのを確かめてから収穫する。トウモロコシの旬は短い。とり遅れると実がかたくなってみずみずしさが失われるので、絹糸が枯れて茶色く縮れたか、状態を観察して収穫適期を逃さないこと。

絹糸が黄色から茶色へと変わるまで20日くらいかかる

育苗で根の力を強くする

野菜の多くは育苗している。種をむだにしない、幼苗期の虫害を防げる、畑の準備ができるまでの時間を稼げるなどメリットは多いが、根の力を強くできるのが一番のメリットといえる。

土壌の生態系循環によって養分を賄い、ごく少ない肥料で作物を育てる循環菜園では、作物自身の根の力に頼るところが大きい。苗のうちから自力で根を伸ばすように仕向けている。土の中に広く根を張り、養分を調達する力をつけさせるのだ。

根の力を強くするため、あえて低栄養状態に環境を整える。カボチャ、ズッキーニ、トマト、オクラなど夏の果菜類のほとんどとマメ科野菜を育苗するさいは、培土に肥料分のない鹿沼土を混ぜ、栄養分を薄める。

ただし、肥沃な地を原産地とするナスだけは育苗用培土をそのまま使う。根の強い苗はたくましく育ち、たくさんの実をつける。

作業力アップ。“育苗コックピット”

育苗のメリットは多いが、手間はかかる。育苗を常とするわたしのやり方を、省力の参考にお見せする。スイスイ作業できるので、育苗が楽しくなるはず。

トロ舟の上での作業はストレスなし

2本の板材をトロ舟に渡し、その上にトレーを置く。入れすぎた土はすぐに落とせるうえ、余った土は後で袋に戻しやすい。板材はポットや種を仮置きするスペースにもなる

光と水をコントロールして根強い苗をつくる

育苗のさい、もっとも制御しづらいのが光。次いで温度、水、風（空気）の順。この順で整えることでうまくいく。夏野菜の多くは、一日6時間以上直射日光が当たる所で育つ「陽性植物」だ。日光が降り注ぐ晴れた日の午前中は、植物が盛んに光合成をする時間帯。逆に日没から22時までは、光合成生産物（栄養）が植物の体に転流する時間帯。このタイミングで土に水分が多いと徒長の原因になる。水やりはかならず朝に行い、夜間は表面の土が乾きぎみにすること

たっぷり容量のトロ舟

おもに工事現場で使われるトロ舟は、土を混ぜるにも便利。大型の80ℓサイズ（90㎝×60㎝×高さ20㎝）が使いやすい

収穫コンテナを台と椅子に

収穫コンテナを3つ用意。2つは台にしてトロ舟を載せ、1つは椅子に。ちょうどよい高さで作業でき、腰が痛くならない。同じ姿勢を続けても疲れにくい

❸向きをそろえて種をまく

種の向きをそろえるのがポイント。発芽後、隣り合う株の本葉が重なり合って日陰をつくらないようにする

1穴に1粒置き、盛り上げるくらいに土をかけて、手のひらでよく鎮圧する

❹発芽まで乾燥させない

水がしみこむのを待ってから、４～５回往復して全体に水をまんべんなくかける

発芽まで乾燥しないよう、新聞紙で覆い、その上からも水をかける。発芽して土が盛り上がったら新聞紙はすぐに外す

❺本葉2～3枚で鉢上げする

根詰まりを起こさないよう、本葉２～３枚でポットに鉢上げする。ウリ科野菜は葉が大きいので、10.5㎝サイズのポットを使用。ポット同士の間隔をあけて葉が重ならないようにする。この写真はキュウリだが、カボチャも同様

ウリ科野菜は育苗入門におすすめ

寒い時期に始めるトマトやナスと違って、カボチャやズッキーニなどのウリ科野菜は、保温設備なしでできるため、初めて育苗するのに向いている。

５月以降に種まきすれば、生長が早く失敗の確率も低くなる。植え時をずらして収穫期をずらしたり、虫害のピークを外せるのも育苗のよいところ。たとえばカボチャを7月下旬に植えつければ、11月に完熟果をとれる。カボチャを例として、育苗手順を詳細にみていこう。

❶培土を用意する

市販の種まき培土をトロ舟に入れ、水をまいて土にまんべんなく行き渡るまでかき混ぜる。セメントなどをこねるための左官鍬が使いやすい。角度と長さがちょうどよく、腰を曲げずに土を混ぜられる

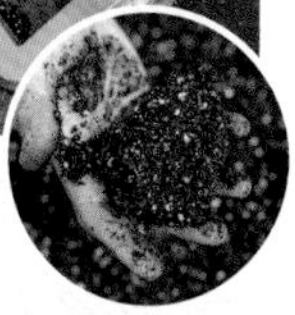

握ってみて塊になるくらいが、ちょうどいい水分量

育苗培土に鹿沼土をプラスする

鹿沼土は火山砂礫が風化してできた土。保水性と通気性に富み、肥料分はない。わたしは育苗培土にたいし、１割を混ぜる。マメ科野菜では２割。

❷セルトレーに土を詰める

種のサイズに合ったセルトレーに適度に土を詰める。種も葉も大きいカボチャでは36穴のトレーがぴったり。

通路でムギ類を作る

自然循環菜園における栽培法の最大の特徴は、緑肥作物の使いこなし。夏野菜ではムギ類が重宝する。

通路を裸にしておくと雑草だらけになり、雑草を抜けばこんどは乾燥する。かといって高い費用をかけて防草シートを敷くと土がかたくなる。植えつけと同時にムギ類をまけば、生きたマルチ（リビングマルチ）となる。ムギはいち早く伸びて雑草を抑え、野菜に先んじて根を張り、ムギがほぐしてくれた土に後から野菜が根を張る。枯れては土に還り、土を肥やしてくれる。収穫したあとの野菜残渣も細かく刻んで土に戻す。翌年も同じ場所でムギを作る。

この循環を繰り返していくとだんだんと肥料要らずの土になっていく。実際、私の畑では1作ごとに元肥を入れることはしない。追肥も限られた場面だけ。

1～2年で肥料いらず、とはならないが、続けていけば、いずれ肥料は要らなくなる。

オクラのわきにはエンバク。栽培期間中、何度も刈って敷き草にできる

ムギ類は使い分ける

畑ではムギ類を使い分けている。草丈が高くなるオクラやナス、トマトには刈って何度も敷けるエンバク、つる性のカボチャやズッキーニには、早く枯れて自然にマルチ化するマルチムギを使う。

畑における緑肥作物の使い方

緑肥作物は食べることを目的としない。生えているあいだは雑草の抑制、害虫予防に役立つ。刈って鋤き込めば分解されて畑の養分となる

ソルゴー

種まき期は５～８月。イネ科の緑肥作物で高さは３ｍを超える。生えているあいだは害虫の障壁となり、風よけにもなる。大きいので、いざ刈り倒すと相当量の有機物となる。わたしは畑一帯を取り囲むように作っている。

マルチムギ

種まき期は４～６月。草丈は25～30㎝までで、自然に枯れて敷きわらの代わりとなる。草丈が低く作物のじゃまにならない。それなのに葉の幅が広く、量も多く、使いでがある。

緑肥と作物残渣が養分になる。堆肥も元肥も入れない

慣行栽培であれ、有機栽培であれ、植えつけ前までに石灰や堆肥、肥料を施すのが当たり前とされる。自然循環菜園では肥料を入れないが、それを実現するには助走期間がいる。P.56で記したように、最初の１～２年は１作ごとに、１㎡当たり腐葉土２㎏と完熟牛ふん堆肥２㎏を入れる。本書では、このやり方に従い、「野菜ごとの施肥量を示す」ことはしない。

真夏の
太陽熱で
ムギの分解を
促す

9月上旬、次に作るハクサイの畝を先に立て、水をたっぷりまいて湿らせてから透明マルチをピンと張った。温度が上がって分解が進む。表層にある雑草の種子や病原菌も死滅する

同じ場所における８月中旬の様子。先に枯れたマルチムギと、カボチャの残渣をいっしょに鋤き込んだ

６月中旬、カボチャ畑一帯の通路にはマルチムギが生えている。通路を乾燥から守り、盛夏には枯れてマルチ代わりとなる

マルチムギとの混植でより連作しやすくなる

カボチャ

同じウリ科のスイカやメロンに比べて病虫害に強い。ただし、養分が多すぎるとつるばかり茂って実がつかなくなる。それを防いでくれるのが、イネ科の緑肥作物であるマルチムギだと内田さんは言う。カボチャの植えつけと同時に通路にばらまきにしておくと、余分な養分を吸ってちょうどよい地力になる。マルチムギの勢いが強すぎると、カボチャが負けて劣勢になることがある。したがって、カボチャのつるが伸びてくる直前にマルチムギを順次刈って敷いていく。また、品種は早く枯れるタイプのマルチムギワイドを使い、カボチャとの養分競合を防ぐ。

カボチャは品種が豊富。わたしのおすすめはホクホクした『ケイセブン』と、クリのような食感で甘い白皮の『夢味《ゆめみ》』だ。

植えつけ時期
寒地・寒冷地：5月中旬～6月上旬
一般地：4月下旬～5月下旬
温暖地：4月中旬～5月中旬

85ページを元に苗を育てよう

1 植えつけ

通路の幅を2mとり、マルチムギをまく

幅80～90㎝の畝を立て、1条植え。カボチャのつるは3～4m伸びるので、株間90㎝、条間3mと広くとる。泥跳ね防止、乾燥と除草対策、地温維持のために黒マルチを張っておこう。

植えつけはつるを伸ばしたい方向に苗をやや傾けて植えると、後に誘引がしやすくなる。また、防虫ネットを張って害虫のウリハムシや、強風と寒さから苗を守る。

わたしは植えつけと同時に、2m幅の通路にマルチムギを1㎡当たり15gまく。マルチムギがカボチャのつるぼけを防ぐとともに、マルチムギに寄生する菌がうどんこ病の予防になる。

植えつけ2時間前に、苗の根鉢を水につける。苗から泡が出なくなるまでつけたら、植えつけまで日陰に置く

つるをはわせたい方向に根鉢を傾けて、子葉のすぐ下まで埋める。マルチと土の間に隙間があると、真夏に熱風が入り込んで枯れるので、土でふさぐ

初期だけ寒冷紗や防虫ネットを掛ける。トンネルは裾を土に埋めるか、U字形ピンを使うなどして、隙間ができないように。親づるが伸びてきたらネットにぶつかる前に外す

2 摘芯・誘引

親づるを5~6節で摘芯し子づる3本を伸ばす

親づるを5~6節めで摘芯する。植えつけから約3週間後を目安とし、遅れないようにしたい。親づるを摘芯すると子づるが数本出てくる。その中から勢いのよい3本を残して子づるとする。他のつるは30~40㎝伸ばしてから摘芯する。

残した3本の子づるが50~60㎝まで伸びたら、適当な長さの誘引棒（割り箸など）を差して、等間隔をあけて伸びるように誘引する。

1本の子づるに1個の実をつけさせるのがコツである。ただし、8節めまでにつく雌花は、株がまだ小さいため、よい実にはならない。この場合は、早めに花を摘んで9~10節め以降の雌花に着果させる。

摘芯後　摘芯前

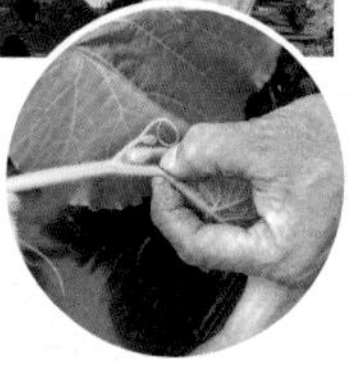

親づるの5～6節めで摘芯。摘芯が遅れて節が増えると、子づるも増えて切る場所がわかりにくくなる。はさみを使ってもよいが、手でつまんでも摘芯できる

セイタカアワダチソウの茎で誘引

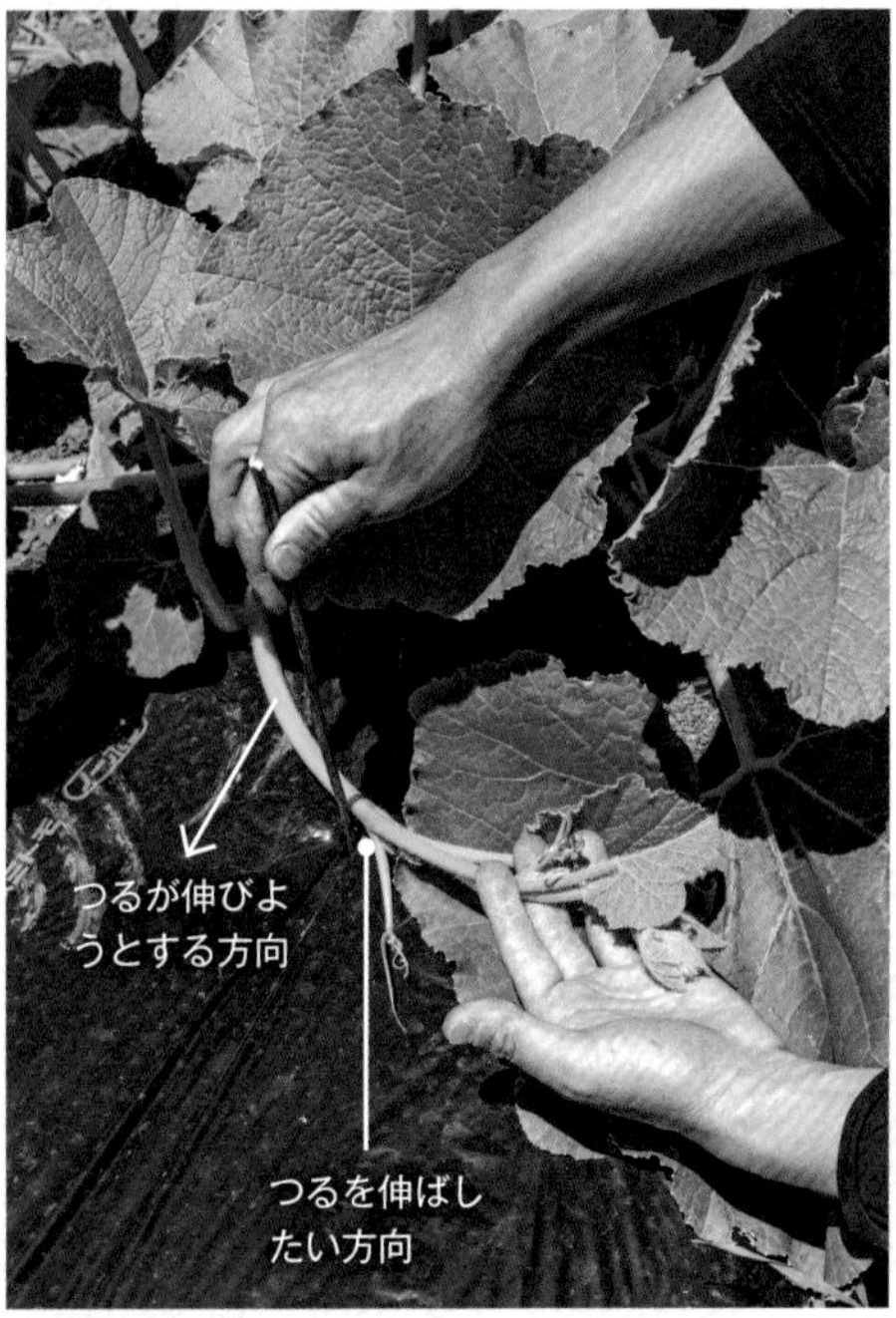

つるが戻ろうとする方向を遮るように誘引棒でガードする

基部が膨らんでいるのが雌花

8節めまでについた雌花は開花前までに摘み、9～10節め以降に着果させる

雄花は基部が膨らんでいない。雄花は残し、虫が媒介して受粉できるようにする

枯れたセイタカアワダチソウの茎を誘引棒に利用した。割り箸などでもかまわない。土に還る素材を使えば、そのまま鋤き込めて生態系循環の一部となる

伸ばした3本以外の子づるは30～40㎝伸びたら、親づると同様に先端を摘芯する

子づるが、30㎝以上の間隔をあけて、同じ方向に伸びる

9～10節めにつく実を1個、大きくする。栄養が行き渡らないので、2個め以降は着果しても取る

3 追肥

追肥の有無は つる先で判断する

マルチムギは通路全体を覆うようになり、その上にカボチャのつるが伸びる。

カボチャのつるの先端が、ヘビが〝鎌首〟をもたげるように上がっていたら草勢が十分なサインなので、追肥は不要。草勢が頼りない場合は、通路のマルチムギの上からボカシ肥を1㎡当たり100～150gまく。これが結実時に効く、〝待ち肥〟となる。

やがてつるが通路を覆うようになる。マルチムギが果実の敷き草となる。果実がじかに土に触れないため傷みづらい。さらに果実用マットを敷いておけば、光の反射で裏まで色づきやすくなる

つるの先端が、だいたい根の張る先。〝待ち肥〟は、つるの先端をめがける

マルチムギの効果

枯れてから通路に敷いたマルチムギは、ほぼ分解されている。マルチムギの根に集まる土壌微生物が土をやわらかくしてくれる

4 収穫

日焼け傷みを防ぎ、よい果実に仕上げる

植えつけから50日ほどで収穫適期。つると葉が枯れ始め、うどんこ病が出てくることもあるが、ここまできたら収穫への影響は心配しなくていい。

それよりも、日焼けによる果実の傷みに注意したい。通常、カボチャの果実は自身の葉陰に隠れるようにできるが、雨が少なかったりして葉が早く枯れることがある。

もし果実が日にさらされていたら、株元近くの大きめの葉を切って、帽子のように果実に掛けて日焼けを防ぐという方法もある。

収穫適期の果実は、コルク化したへたに縦と横のひびが入ったもの。収穫後はコンテナなどに入れて、風通しのよい冷暗所に保存する。なお、カボチャは連作しやすい作物。残渣は細かく刻んでマルチムギの残渣とともに土に鋤き込む。

これを毎年繰り返すことでカボチャに適した土壌になる。

株元近くの役割を終えた2枚の葉を帽子のようにかぶせれば、日焼け防止にちょうどいい

へたがコルク化し、縦と横にひびが入ると完熟した証し(右上)。ただし、日焼けが始まっていたら、それ以上待たず、右下の縦ひびのみで収穫したほうがよい

ニンジン

発芽の前後に手厚く めんどうをみる

栽培でもっとも失敗しやすいのが、発芽だ。ニンジンは原産地のアフガニスタン周辺の気候に順応し、雨季にいっせいに発芽する性質がある。そのため、種まきから発芽までに土が乾燥すると発芽率が大きく低下する。とくに、ニンジンの種に多いペレット種子（種まきしやすいように、表面が均一に丸くコーティングされている種）の場合は、一度吸水したあとに乾燥すると、かたくなり発芽しにくくなる。

発芽後も注意が必要だ。ニンジンが発芽する夏は雑草の盛り。発芽したてのひよわな株は雑草に負けてしまう。夏の暑さを味方につけた太陽熱発酵処理が有効である。自然循環菜園ではニンジンのあとにエンバクをまいて鋤き込み、ふたたび翌年も同じ場所でニンジンを育てる。

植えつけ時期
寒地・寒冷地　6月中旬
一般地　7月上旬～8月中旬
温暖地　7月中旬～8月下旬

1 畑の準備

種まきの前後で2回、土を鎮圧する

幅80cmの畝を立て、種まきの3～4週間前から太陽熱発酵処理をしておく（48ページ参照）。これで約1か月は草が生えないため、初期生育がスムーズになる。種まきの1～2日前に太陽熱発酵処理後のマルチを開いて、畝の土が乾燥していたら水をまいておく。種まき当日、15cm間隔で4条のまき条をつくり、足で踏んで1回めの鎮圧をする。

4条のまき条ができた。踏んで鎮圧することにより、土の粒子が圧着して乾きにくくなり、地中の水が上がってきやすくなる

2 種まき

3cm間隔にまいて間引きの手間を抑える

わたしが育てている『甘美人』（ナント種苗）や『アロマレッド』（トーホク）は、ペレット種子なのでまきやすい。1粒ずつ3cm間隔でまく。この間隔がポイントで、通常は1cm間隔でまいて2～3回間引きするところ、1回だけの間引きで済む。

ちなみに密植に向く『ベーターリッチ』（サカタのタネ）なら5cm間隔でまき、〝間引きなし〟で収穫まで行ける。

❶3cm間隔で1粒ずつまく。❷種を指で押して深さ約1cm（第1関節より浅めくらい）に埋め、手で平らにならす。❸種まき後、2度めの鎮圧。再度、底が平らな靴でまき条を踏んで歩く。種と土が密着し、吸水効果が高まる

3 被覆

籾殻と不織布で発芽まで乾燥を防止

発芽まで8～10日ほどかかる。この間、ぜったいに乾燥させないこと。種をまいたら、すぐに地表が隠れる程度に薄めに籾殻をかける。その上からまき条に沿って、籾殻が流れないようにやさしく、たっぷりと水をかける。

さらに不織布をべた掛けにしておく。

❶籾殻を薄めにかける。光を好むニンジンの種は、籾殻を厚くかけると光が足りず発芽が悪くなる。❷籾殻が流れないように水をかけ、❸保湿のため不織布をべた掛けする

4 間引き

本葉6～10枚の頃に1回だけ間引く

本葉6～10枚の頃、1回だけ間引く。これで株間を8～9㎝にしたら、収穫までそのままでよい。

わたしは本葉10枚くらいで間引いたものを、スティックニンジンとして出荷している。最初から株間があいているので、少し遅めの間引きでも、一定の大きさに育つのだ。家庭菜園でもこの方法はおすすめだ。

株元をつかんで間引いていく。根はまだ小さいが、ここから急速に肥大してくる

黒寒冷紗のカバーが猛暑には有効

近年の夏は気温が40℃を超えることも珍しくない。そこで8月まきのニンジンでは、そんな猛暑に備える特別対策として、不織布の上にさらに遮光率65%の黒寒冷紗を掛ける。光がある程度入る遮光率なので、発芽を妨げず乾燥を防げる。

発芽したてのニンジン。ある程度発芽がそろったら、黒寒冷紗を先に外す。掛けたままにすると、光が足りず徒長してしまう

籾殻、不織布、遮光率65%の黒寒冷紗で、万全の乾燥対策をしたニンジンの畝

5 収穫

地上に見える肩の肥大ぐあいで適期を判断

種まきから3か月余り、地上に見える肩口の太さが収穫の目安になる。株元を持って手で抜けばよいが、土がかたいと葉だけちぎれてしまうことがある。そういう場合は、ショベルを入れて掘り上げる。

団粒化が進んだ土で育つ内田さんのニンジンは、手でスッと抜けやすい

地上に出ているニンジンの直径が4～5㎝になったら収穫の目安。『ベーターリッチ』など肩の出にくい品種は、1本抜いて肥大のぐあいを確かめる

よく耕し、3粒まいて
間引き1回が大吉

ダイコン

地中海沿岸生まれのダイコンは、冷涼な気候を好み、生育適温は17～20℃。春よりもだんだん涼しくなっていく秋が作りやすい。根菜類は、土の良しあしができの良しあしに直結する。投入した有機物の形がなくなるくらい分解されていれば、また根になるようなことはない。

わたしは、ダイコンのあとにエンバクの『ヘイオーツ』（雪印種苗）を育てて鋤き込み、ふたたびダイコンを育てる連作を続けている。2月にダイコンを収穫したら、3月にエンバクをまいて6月に鋤き込み、7月に太陽熱発酵処理をし、8月にダイコンをまく。品種は緻密な肉質の『千都』（タキイ種苗）、わたしが育種から関わった甘さと香りがよい『ふじ宮重』（自然農法センター）がおすすめだ。

種まき時期
寒地・寒冷地　7月上旬～8月中旬
一般地　8月中旬～9月中旬
温暖地　8月中旬～10月上旬

1 種まき

3粒を点まきする

種同士の位置が三角形になるよう、30㎝間隔で1か所に3粒、点まきする。指で種を押し込んで深さ2㎝ほどに埋め、手のひらでぎゅっと押さえて鎮圧する。鎮圧によって、土と種が密着して水分が保たれ、発芽しやすくなる。

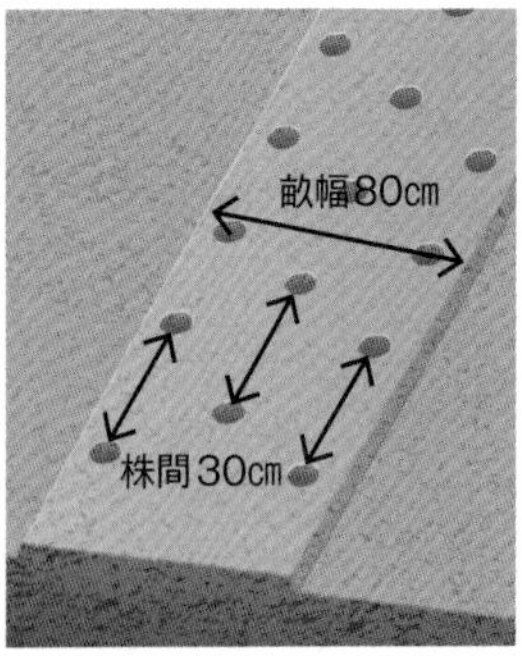

3条の千鳥植えにして間隔を空ける

❶指で種を深さ2㎝に押し込む。わたしは人差指の第1関節を目安にしている。❷手のひら全体で鎮圧し、❸種が流れないよう、じょうろでゆっくり水をまく

2 種まき後の管理

防虫ネットを掛けて葉の食害を防ぐ

ダイコンはおもに根を食べる野菜だが、生育初期に葉を食害されると生育不良になり、収量が下がってしまう。アオムシやダイコンハムシがつきやすいので、種をまいた直後から防虫ネットを掛けておく。

種をまいたらすぐに防虫ネットを掛けて、害虫が卵を産みつけるのを防ぐ

3 間引き

本葉4~9枚のときに1回だけ間引く

虫が多い時期なので1か所に5~6粒まいて安全策をとってもいいが、3粒もまけば十分だろう。1株当たりのスペースが広くなり、間引きの手間も減る。

本葉4~5枚ほど展開したらいつ間引いてもいいが、本葉9枚まで待って間引きをすれば、大きめのスティックダイコンがとれる。

本葉4枚が展開した頃の株を間引く。もう少し待って大きくしてもよい

葉が虫に食害されたもの(左)や、茎葉の形がいびつなもの(右)を間引く

家庭菜園では遅めの間引きがおすすめ

本葉9枚のものを間引くと、小さなダイコンができていた。家庭菜園ならここまで待って間引き、スティックダイコンとして楽しむとよい。ただし、これ以上間引きが遅れると、根の肥大に影響してくるので、本葉9枚が間引きの最終リミットと心得よう

地形を生かした排水のコツ

根菜類は雨が降るたび水がたまると、根が酸欠になり腐ってしまう。わたしが作付けしたダイコンの畝は傾斜があったため、写真のように溝を切り、水が流れやすいように工夫している

溝に沿って雨水が排水される

4 収穫

よく太らせてから抜く。とり遅れるとすが入る

葉の先端が垂れ、地上のダイコンの首(胚軸)が太くなったら収穫期。よく太っているものから順次、引き抜く。

とり遅れにはくれぐれも注意したい。ダイコンの中にす(空洞)ができたり、割れることがあるため、畑に置きっ放しにしないこと。

収穫が終わると、緑肥となるエンバク(『ヘイオーツ』)の種を全面にばらまく。このサイクルを繰り返すことで、ダイコンに適した土がつくられる。

収穫期のダイコン。地上部に見えている胚軸の太さが収穫の目安。引き抜くと、まっすぐに伸びたきれいなダイコンが出てきた

とれすぎたら切り干し大根がおすすめ

一度にとれすぎてしまったり、すや亀裂が入ったダイコンは切り干し大根にするとよい。細切りにしたダイコンを3日~1週間、天日に干せば完成。寒さにあたって甘みが凝縮し、長期保存もできる。

干すときは風通しをよくする。わたしは、両端を角材で固定した防風ネットを収穫コンテナの上に置き、ダイコンを広げる

暑さに負けない〝高床式〟で苗をつくる

気温が下がっていくなかで育てる秋冬野菜は、スタート時の遅れを取り戻すのが難しい。

秋冬の葉菜や根菜は、いったん種まきや植えつけをしてしまえば、果菜類のような整枝の手間は必要ない。その反面、初期生育でよしあしの大部分が決まってしまう。

そこで有効なのが苗づくりだ。わたしはダイコンとニンジンを除き、育苗を常としている。苗のうちに自力で根を伸ばす力をつけてやれば、定植後も力強く根を張るからだ。

ただし難しいのは、育苗期間が真夏になること。なんら対策なしに種をまいても、暑さや虫害でダメになる。それを防ぐためにわたしが実践するのは、収穫コンテナを台にして苗床を置く〝高床式育苗〟だ。

夏は地表からの照り返し熱がすさまじい。地表からの高さが30㎝あれば、暑さから苗を守れる。特別な資材は必要なく、複雑な工程もないので、すぐにまねできるだろう。

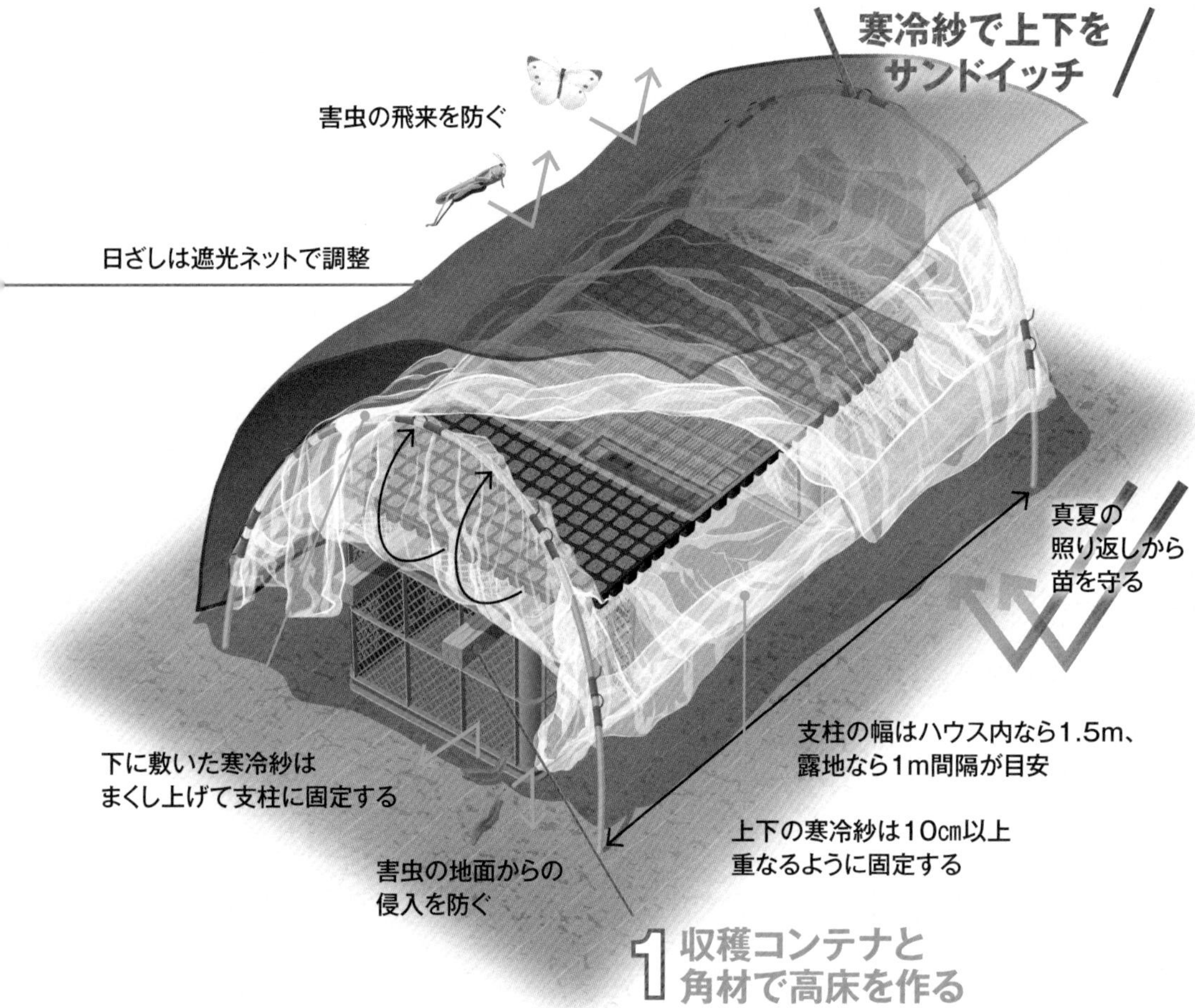

1 収穫コンテナと角材で高床を作る

収穫コンテナを2台以上用意し、コンテナに橋を架けるように2本の角材を載せる。これが“高床”になる。

生産者のわたしは苗床を2列用意。弾性ポールを土中に突き刺して支柱を立てた

2 寒冷紗を敷きトンネル支柱を立てる

1に寒冷紗（もしくは防虫ネット）を敷き、下から入ろうとする害虫を防ぐ。トンネル支柱を立て、支柱と寒冷紗をパッカーで固定する。

トンネルパッカーは支柱の太さと対応した規格があるので、購入時にしっかり確認しよう

水やりには鹿沼土と新聞紙が役立つ

わたしはセルトレーに種をまいたあと、鹿沼土で被覆して水をやる。水を含むと黄色みが強まり、乾燥すると白くなる鹿沼土の特性を生かして、水やりのむらを防いでいる。その後、すぐに新聞紙で包み、その上からたっぷりと水をやる。1つでも出芽したら新聞紙を外す。夏場だと2〜3日で芽吹いてくる

4 遮光ネットで日ざしを和らげる

猛暑のときは、さらに遮光ネット（家庭菜園では遮光率40〜60%の黒の防虫ネットが入手しやすい）を掛けて日ざしを和らげる。発芽直後や双葉が展開するまで使うとよい。ハウスで育苗するわたしは、ハウス全体を遮光ネットで覆う。

3 苗床の上にも寒冷紗を掛ける

種まきを終えたセルトレーを置き、上からも寒冷紗を掛ける。上下２枚の寒冷紗で苗床全体を覆うように、パッカーで裾を固定する。

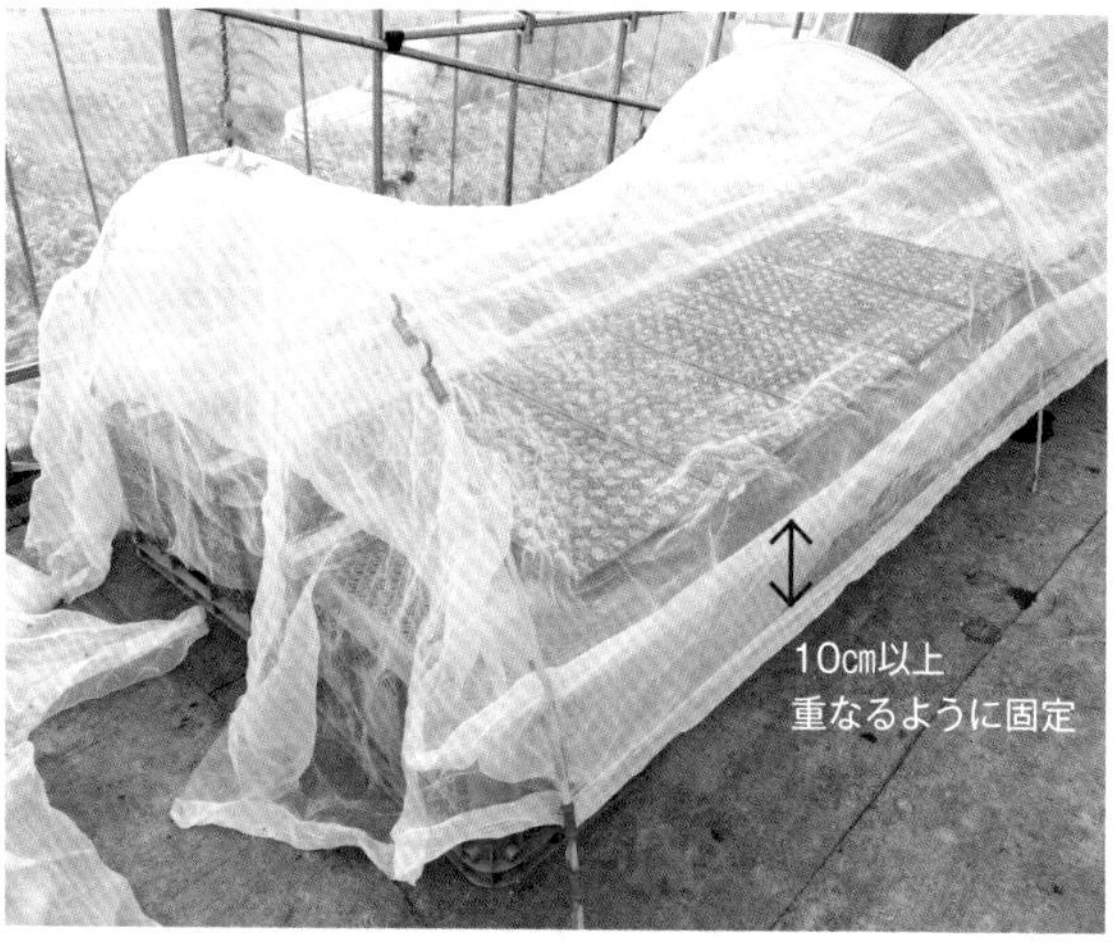

上下の寒冷紗の裾が10㎝以上は重なるように固定。これで虫の侵入をシャットアウトできる

虫を寄せつけないスーパーセル苗

移植直後の苗は茎葉が弱く、活着するまでに虫に食われやすい。それを防止するのが、苗をわざと老化させたスーパーセル苗だ。つくり方は簡単で、通常より育苗期間を2倍にし、施肥をせず水やりのみで育てるだけ。根にストレスをかけたほうが早く老化するので、根鉢が小さい128穴、もしくは200穴のセルトレーで育苗する。

苗を極限まで追い込むことで葉の表面を覆うワックス層が3倍になり、虫を寄せつけなくなる。実際にスーパーセル化した苗に触ってみると、そのかたさに驚くと思う。

だが、すべてがスーパーセル苗にできるわけではない。もともと地中海沿岸の岸壁など痩せ地に自生し、根の力の強いケールをルーツに持つ野菜（これから紹介するキャベツや、芽キャベツ、ブロッコリー、茎ブロッコリー、カリフラワー）が適合する。ただし、同じアブラナ科でも肥沃な土壌を好むハクサイは例外となる。

かじってみると…

スーパーセル苗の別名は「超老化苗」。葉はかみ切れないほどかたく、虫にも食べられない

種まきして約40日が経過したキャベツ苗。双葉は落ち、茎葉はアントシアニンを蓄え、赤く枯れたような色に。この状態が植え時となる

種まきして約20日が経過したキャベツ苗。葉色は緑色で、まだスーパーセル化していない

スーパーセル苗を植えて虫害予防

キャベツ

地中海沿岸生まれで、ケルト人が野生のアブラナ科植物を改良したケールが先祖とされる。原産地の冷涼な気候にちなみ、生育適温は15～20℃と低め。植えつけてからだんだん涼しくなる秋冬どりの栽培がしやすい。キャベツはとりわけ虫の害を受けやすく、とくに植えつけ直後に食害されると生長が遅れ、結球しにくくなるが、スーパーセル苗なら虫害を防ぐことができる。さらに防虫ネットを掛けると安心。

また、収穫後にキャベツの残渣を鋤き込むことで、年々キャベツが育つのに必要な生態系ができあがり、できもよくなっている。わたしは甘みの強い『とくみつ』、年内どりの『ひめみつ』、加熱に向く『ふゆみつ』(いずれも増田採種場）などを作り分けている。

植えつけ時期
寒地·寒冷地　7月中旬～9月上旬
一般地　8月中旬～9月下旬
温暖地　8月下旬～9月下旬

1 苗づくり

低栄養の土で根を張らせる

スーパーセル苗にするために128穴セルトレーに種まきする。根域を狭めて育苗することで根が巻き、スーパーセル苗にしやすくなるのだ。

ポイントは育苗用培土に鹿沼土（細粒）を1割混ぜて使うこと。苗のうちから低栄養で育てることで根の力が強くなり、畑に移植したあとの育ちがよくなる。

育苗用培土を使う前に、ぎゅっと握ると固まり、かつ指でつつくと崩れるくらいの水分を含ませておく。

128穴セルトレーに育苗用培土をむらなく均一に敷き詰め、指先で軽く押してくぼみをつける

くぼみに種を１粒まき、指で押して軽く埋める。この段階では種が土から見えていてよい

種に鹿沼土(細粒)を３～５㎜かける。じょうろで水をまんべんなくかけ、数秒待ってふたたび灌水を４～５回繰り返す(左)。新聞紙で覆い、さらにその上から水をまいておく(右)

2 育苗中の管理

早朝に水をやり、夜間は乾きぎみにする

育苗期間中は水だけで育てる。晴れた日中に光合成ができるよう、早朝に水をやる。夕方は土の表面がやや乾いている状態が理想的。夜間に水分が多いと長細い徒長した苗になるので、翌朝までは乾燥ぎみにするのがベター。キャベツの通常の育苗期間は20〜30日だが、倍の40〜60日おくことでスーパーセル苗になる。

夏は2〜3日で発芽。鹿沼土が盛り上がり、芽が1つでも出てきたら新聞紙を外す

3 植えつけ

水をたっぷり含ませて植えつける

結球時の大きさを考慮すると、株間は40㎝を確保したいところだ。

わたしの場合は、条間50㎝で2条植えするために80㎝幅の畝を立てている。

だんだん涼しくなる時期なので、保温のために黒マルチを張るとよい。そして、植えつけの2時間前にセルトレーごと水につけておく。

畑が乾いている場合は、植え穴にも水を注ぐと、活着がよくなる。

植えつけと同時に防虫ネットを掛ける。10月以降、葉が茂り、虫の活動も緩慢になってきたら外してよい

株元のマルチフィルムの隙間を土でふさぎ、熱風が入らないようにする

4 追肥

2回の追肥で結球を促す

結球させるには、結球開始期までに外葉を多く、かつ大きく育てることが重要。

植えつけの2週間後と4週間後の2回、1㎡当たり150〜200gのボカシ肥を通路にまく。ボカシ肥は約2週間後に効き始めるので、この追肥が茎葉の生長期と結球開始期にちょうど効く。茎葉の生長期に葉が次々に出て、中心の葉が内側に湾曲し、結球が始まる。

農薬を使わずとも、スーパーセル苗と防虫ネットにより虫食いが見当たらない。驚くほどきれいな状態で外葉が展開している

5 収穫

かたく締まった球を株元から切り取る

球が大きく育ち、手で押してかたく締まっていれば収穫適期。小さい球でも締まっていれば、それ以上大きくならないので収穫する。とり遅れると、球割れしたり葉がかたくなるので注意。外葉などの残渣はその場に残し、収穫後、畑に鋤き込むことでキャベツに適した土壌がつくられる。

株を傾けて、包丁を株元に差し込んで切り取る

12月に収穫したキャベツの断面。葉がみっしり重なり、パーフェクトに結球している

秋の
循環
セオリー

冬越しの苗は適正サイズ厳守で植えつける

秋は、越冬させて春から初夏に収穫する野菜の栽培が始まる季節。代表的なものはエンドウやソラマメ、タマネギなど。7～10か月に及ぶ長い栽培期間のなかで、もっとも重要な管理のポイントは、〝適正な大きさで苗を越冬させること〟だ。

冬を越す野菜の多くは、一定の寒さにあたることで花芽をつける。エンドウやソラマメが実をつけるには寒さが必要なわけだ。しかし、幼苗の頃は耐寒性が高く氷点下でも枯れないものの、草丈が20㎝以上になると、とたんに寒さにやられてしまう。

一方のタマネギは、鱗茎（球）に養分を蓄えるため、花芽の形成を防ぐように管理しなければならない。

花芽ができるととう立ちし、種をつくろうとする。そうなると生殖生長に養分が使われてしまい、よい球はできない。タマネギは、苗が大きくなるほど寒さを感受して花芽をつくろうとするので、とう立ちする危険性が高くなるのだ。

草丈が低い苗は、寒さの影響を受けにくい

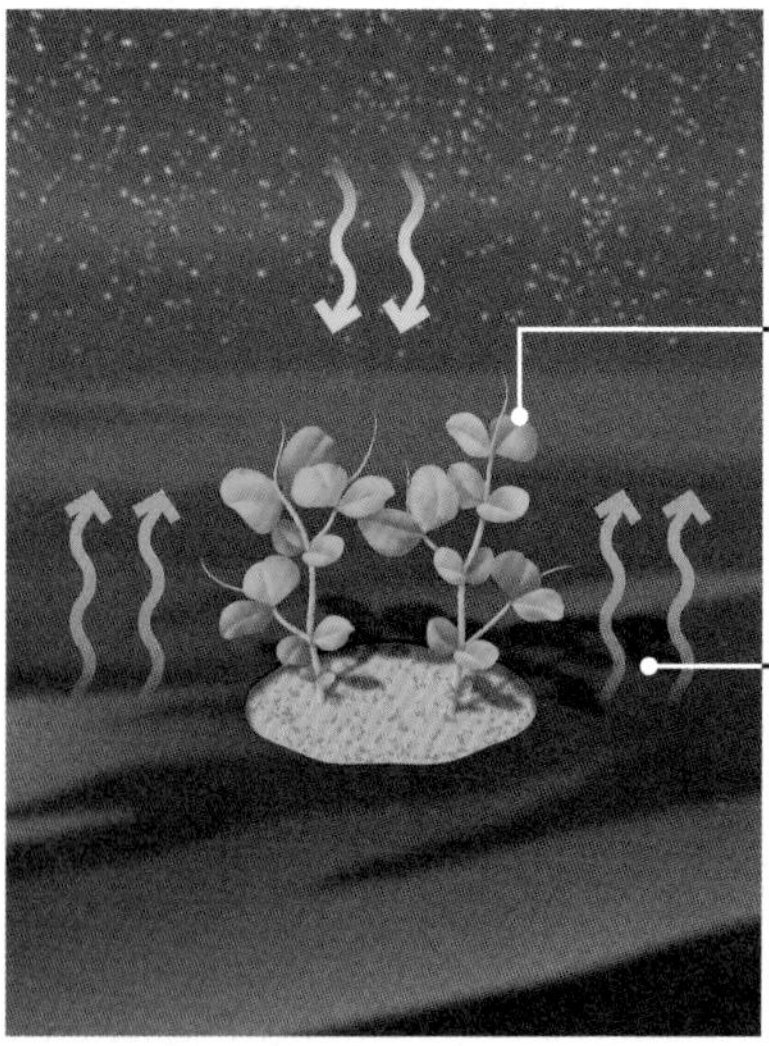

茎葉の表面積が少ないため、霜や冷気に当たる面積も少ない。その分、寒さの影響をあまり受けずに越冬できる

草丈が低いと、太陽光で暖められた地表面の熱が、苗全体に伝わりやすい

草丈が高い苗は、寒さの影響を受けやすい

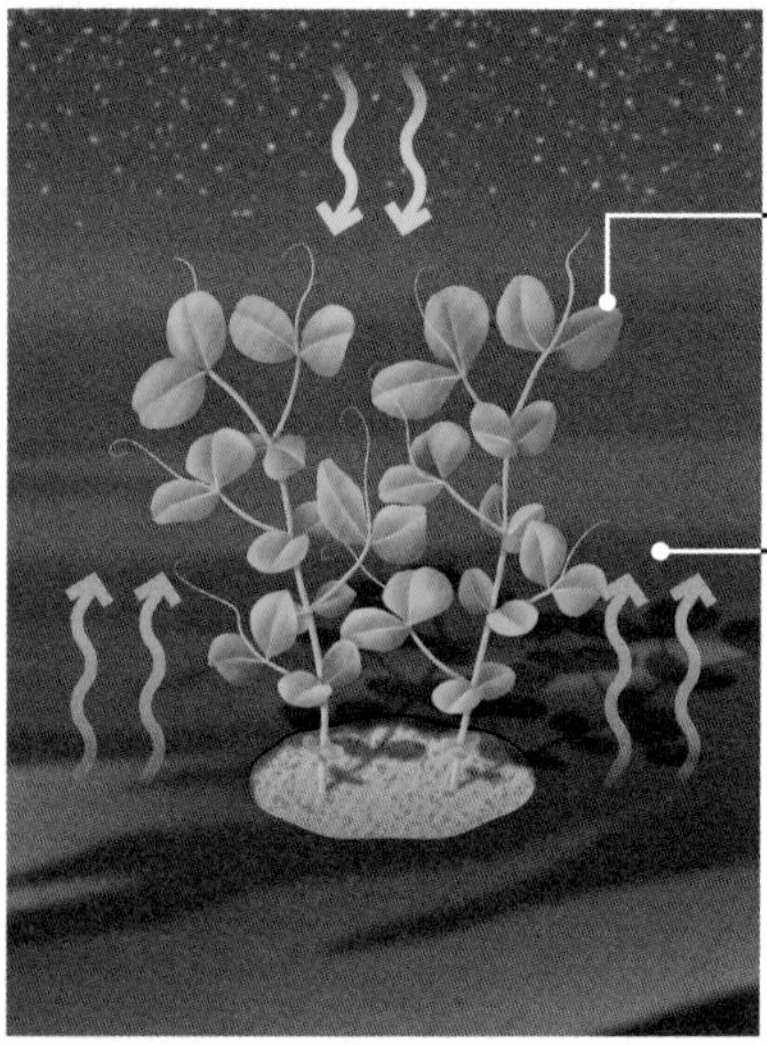

茎葉の表面積が多いため、霜や冷気にも当たりやすい。その分、寒さの影響を大きく受ける

草丈が高いと、地表面からの熱が苗全体に伝わりにくい

冬越しに欠かせない 被覆資材

わたしは冬の防寒対策に防虫ネットと不織布を使い分ける。それぞれの特徴を理解して、野菜の冬越しにとり入れてみよう。

防寒 ○ 風通し ○ 防虫 ○

化学繊維を熱や樹脂で接着したり、絡み合わせたりして作った布。一般的には保温用のべた掛け資材に使うが、わたしは葉物野菜にトンネル掛けする。

防寒 △ 風通し ◎ 防虫 ◎

まだ虫の活動が活発な暖かい頃は、本来の虫よけ対策として使うが、加えて内田さんはエンドウやソラマメを冬越しするさいの霜よけにも使う。

かよわいつるを守りきれば
力強い株にさやが鈴なり

エンドウ

中央アジアから地中海沿岸生まれとされ、生育適温は15～20℃と冷涼な気候を好む。秋まきして寒さに強い幼苗で越冬させ、春から初夏に収穫する。ただし、連作障害が出やすく、過湿も乾燥も苦手、栄養過多になるとアブラムシがつきやすい、などとなかなかに気難しい作物だ。

わたしはエンバクを育てることで解決をはかっている。11月に通路にエンバクの種をまいておくと、春にはアブラムシの天敵が集まるのだ。土壌の養分バランスも整えてくれる。

エンドウには若さやを食べるサヤエンドウ、膨らんだ豆を食べる実エンドウ、さやと豆を両方食べられるスナップエンドウがある。初期の若さやでも終盤の豆が膨らんださやでも食べられるスナップエンドウがおすすめだ。

種まき時期
寒地・寒冷地　3月上旬～4月上旬
一般地　10月中旬～11月上旬
温暖地　10月下旬～11月中旬

1 苗づくり

2粒ずつポットにまき、間引かず2本立ちにする

じかまきもできるが、わたしは育苗している。7.5㎝（または9㎝）ポットに2粒まく。じかまきだと鳥に食べられたり、発芽せずに欠株が出たりするが、育苗すると苗のそろいがよく、2本立ちのまま植えつけて収量アップをねらえるのだ。

発芽適温は18～20℃。適温なら5日ほどで発芽し、10℃くらいの低温でも日数はかかるが発芽する。苗が大きくなりすぎないように、早まきに注意。育苗培土には鹿沼土を2割混ぜ、あえて低栄養にすることで根の力を引き出す。

❶7.5㎝ポットに鹿沼土を2割混ぜた育苗培土を入れ、種を2粒ずつまく。❷種の2倍の深さに埋める。人差指の第1関節を目安にする。❸覆土して鎮圧する。種まき後は朝水やりし、夕方には表面がやや乾いているくらいが理想。❹育苗して5日ほどでそろって発芽した

2 植えつけ

誘引しやすいように支柱のそばに植えつける

苗を越冬させるにあたり、保温効果に優れた黒マルチを張る。たくさんのエンドウを植えるわたしは、2つの畝をまたぐようにアーチ支柱を立てて誘引用のネットを掛ける。春先に伸長した苗がスムーズにネットにつるを絡ませられるように、植えつける場所は畝の外側を使う。植えつけと同時に、通路にエンバクをばらまく。春先に草丈を伸ばし、アブラムシを餌にする益虫を呼んでくれる。草丈40㎝になったら刈って通路に敷く。

早めの備えで かよわいつるを守る

植えつけの時点で、越冬とその後の伸長に備える。エンドウのつるは風に弱く折れやすい。アーチ支柱に園芸ネットを張ることで誘引しやすくする。

アーチ支柱は後で霜よけ用の防虫ネットを張るときも、倒伏防止のひもをめぐらすときも使い回せる。

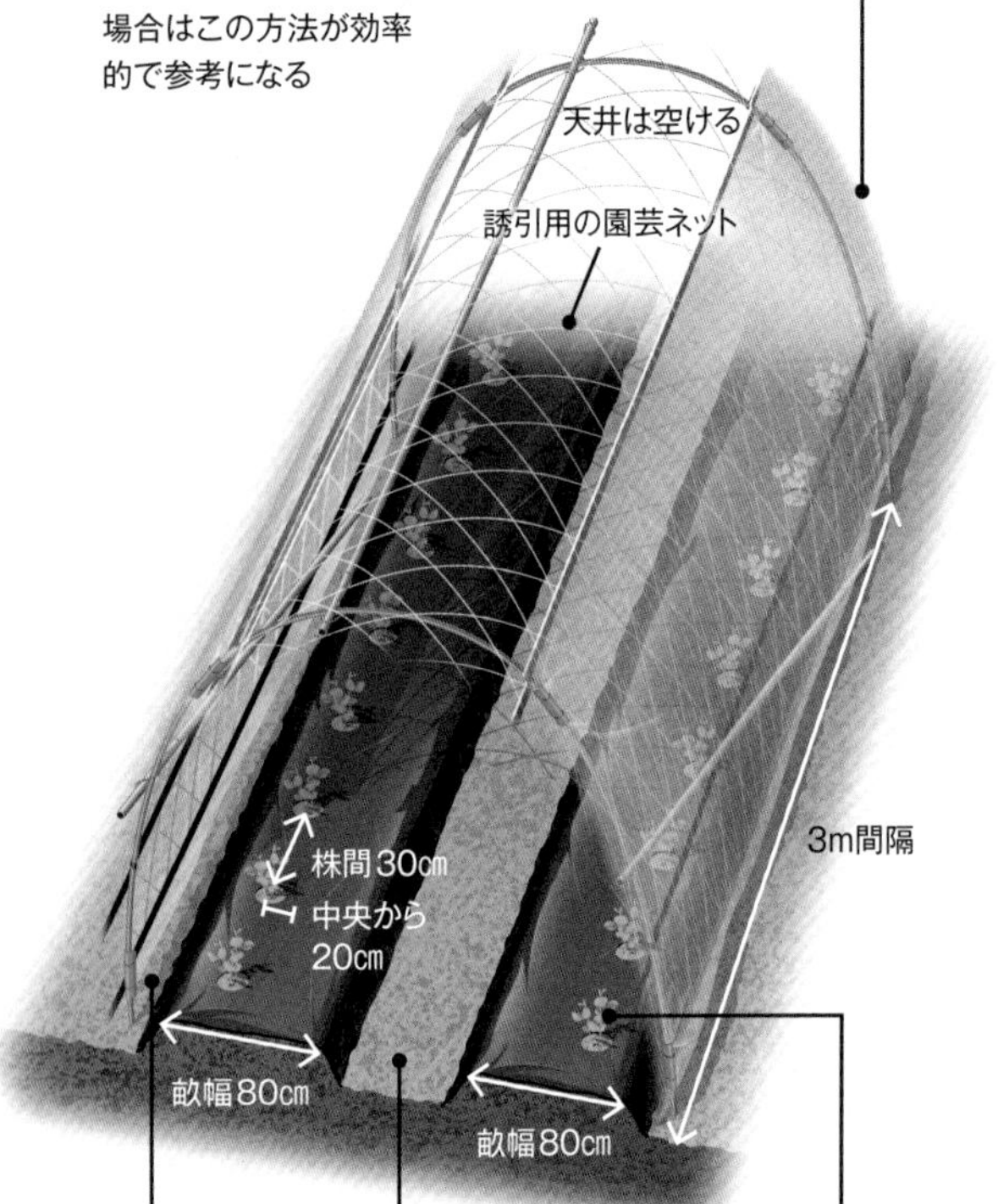

植えつけと同時に、通路にエンバクをまく（P72参照）。年明けには芽生え、春に草丈が高くなる

2本立ちの苗は通路と平行になるように植えつけると、ネットに絡みつきやすくなる

本葉4～5枚で植えごろの苗。2本のままで定植し、最後まで間引かず育てる。植えつけ2時間前に根鉢を水につけ、日陰に置いておく

直根性のエンドウはポットの中で根が巻きやすいので、植え遅れに注意する

マルチに穴をあけ、人差指と中指を第2関節くらいまで差し込んで植え穴をあけ、根鉢を埋める

マルチが風で吹き飛ばされないよう、土を盛って隙間をふさいでおく

3 冬越し対策

防虫ネットで囲って、霜から苗を守る

越冬中に霜害や凍害で傷んで、枯れてしまうことがある。そこで、アーチ支柱の外側に防虫ネットを張って、霜よけする。天井まで覆わなくても側面を覆うだけで十分な防霜効果がある。

アーチ支柱の側面に防虫ネットを張って霜よけとする。天井には掛かっていないが、苗の上は覆われているのでこれでOK。防虫ネットは風も通し、ちょうどよい

越冬前のエンドウの草丈は、20㎝以下が理想（右）。これより大きいと厳寒期に凍害を受けやすい

4 倒伏を防ぐ

ハウスバンドで枝葉を支える

3月、暖かくなってくると生長が再開し、急に枝葉が伸びてくる。さやが膨らみ始めると、やがて自身の重さに耐えきれずに倒れることがある。そこで、草丈が腰高ほどになったところで1回、さらに人の背丈ほどに生長したらもう1回、ハウスバンドを張り、倒伏を防ぐ。花が咲き、小さなさやがつき始めたら1㎡当たり100〜150gの米ぬか、またはボカシ肥を通路にまく。

11月にまいたエンバクが育ってきた。追肥はこの上にばらまく。通路の辺りまでエンドウの根は伸びてくる

5 収穫

若さやを次々に収穫。なり疲れを防ぐ

さやがなってきたら、最初は豆が膨らむ前の若さやをどんどん摘み取ろう。

作物にとって種をつくることがもっともエネルギーを必要とする。若さやをとることで株の負担が軽くなり、長期にわたってたくさんのさやを収穫できる。一種の追肥だと思ってとり遅れないようにしたい。

収穫期の終盤には、しっかり太った豆を楽しもう。

左から初期、中期、後期のスナップエンドウ。収穫し始めは小さいと思っても、左の大きさで早どりしよう

株が弱る後半はうどんこ病が発生しやすくなる。しかし、ウリ科野菜のような被害は出ないので、さやをとりきることに集中する

エンドウの残渣は通路に敷く

初めてエンドウを育てると、残渣の多さにびっくりすると思う。しかし、マメ科植物は窒素分を多く含み、とても分解が早い。残渣を通路に敷いておくだけでかさが劇的に減る。通路に雑草が生えてこないばかりか、次作の栄養として土に還り、一石二鳥である。残渣は通路に敷いて踏むだけでもよいが、米ぬかを1㎡当たり100〜200ｇまくと、より分解が促進される。

吟味して品種を選び、種まきスタートが大吉

タマネギ

タマネギ栽培に付いて回る難問が、とう立ちとべと病だ。わたしは苗床で最適サイズの苗をつくることで予防に努めている。また、収穫後の処理が悪いと腐ることがあり、種まきから収穫まで9～10か月という長い栽培期間の苦労に見合わない。その解決法の一端は品種選びにある。食べ方や貯蔵を目的とするかどうかで決めるとよい。早生や中生は辛みが少なく生食向き、晩生は辛みが強く加熱調理に向く。晩生ほど保存性が高い、といった特徴がある。わたしは極早生の『アリオン』(カネコ種苗)、中晩生の『ネオアース』や極晩生の『ケルたま』(ともにタキイ種苗) をよく作るが、好みの品種を作るには種まきから始めるのがベスト。市販苗だと選べる品種は少ない。秋の種まきからスタートしよう。

種まき時期
寒地·寒冷地　8月中旬～9月中旬
一般地　9月上旬～10月上旬
温暖地　9月中旬～10月中旬

1 苗づくり

条間10㎝で溝をつけ、1㎝弱の間隔で種をまく

畑の日当たりのいい一画に、苗床を設ける。

育苗には2か月ほどかかるので、種まきの2週間ほど前に、1㎡当たり完熟牛ふん堆肥1kgと腐葉土1kgを入れてすき込み、土を肥やしておくとよい。

幅80㎝の畝を立て、条間10㎝で溝をつける。そこへ約1㎝弱の間隔で種をまく。

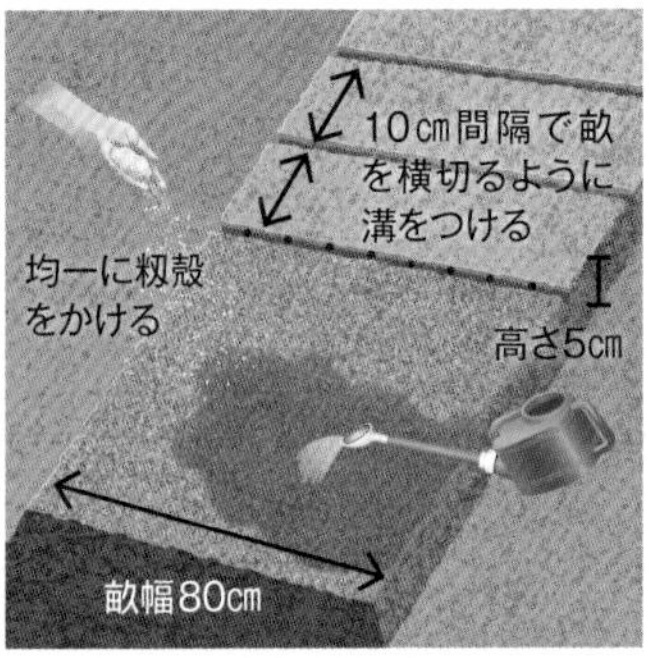

これは殺菌消毒された種で、色がついている。タマネギの種は平たくて指にくっつきやすい。指先をよく乾かしておこう。指で溝をつけ、1㎝弱の間隔で種をまく

条の両側を指ですーっと寄せながら土をかける。土の盛り上がりができ、種まきした場所がわかりやすい

土の盛り上がりを目印に踏んで鎮圧。土の粒子と種が圧着し、乾燥を防げる。その後、表層が隠れる程度に籾殻をかけ、じょうろでたっぷり水をまく

2 育苗中の管理

防虫ネットを掛け、雨風を防ぐ

籾殻の上から水をまいたあと、わたしは防虫ネットを掛けている。台風シーズンに雨風で苗がたたかれるのを防いでくれるからだ。もちろん虫よけにもなる。

種をまいて1週間程度で発芽する。葉が2～3枚展開してきたら、極度に乾燥しないかぎり、水やりは必要ない。

20日め

種まきして20日が経過した苗。まだかよわく、雑草に負けやすい。雑草は小さいうちに取る

苗を傷つけないようにスコップで土ごと掘り上げる。根が発達して絡み合っているので、1本ずつていねいにほぐす

白い葉鞘部の太さ6～8㎜が最適サイズ。鉛筆の太さと同じか、ひと回り細いくらい。これより太くなるととう立ちしやすくなる

60日め

種をまいてから約60日後の様子。密植ぎみにしたことで、ちょうどよい大きさの苗がたくさんできた

苗の大きさごとに区画を分けて植えつける

同じ条件で苗をつくっても、ばらつきはある。苗は大きさごとにそろえて、区画をまとめて植えつけると管理がしやすくなる。わたしは、葉鞘の太さが3㎜以上の苗は1本ずつ植えている。3㎜未満のものは2本植えにし、葉タマネギか小さいサイズの球をとってもよい

太さ 1～2㎜ **長さ** 7㎝　**太さ** 3㎜ **長さ** 18㎝　**太さ** 4～5㎜ **長さ** 25㎝　**太さ** 6～8㎜ **長さ** 30㎝

1本で植える。太さ3㎜までなら、球の大きさはほぼそろう

3 植えつけ

適切な深さで植えつけ、土に圧着させる

株間15㎝、条間15㎝で植えつける。この間隔で穴があいているタマネギ用マルチを使うとよい。

指や棒で植え穴をあけ、1穴に1本ずつ苗を挿し込み、周囲の土を寄せてぐっと手で押さえる。苗がすぐに倒れるようではNG。

植えつけるさいに、根が長く伸びてはみ出ることがあるが、気にしなくてよい。活着すると、古い根が枯れて新しい根に再生する。

とにかく深植えは厳禁だ。生長点（葉身部のつけ根の部分）を埋めると生長が妨げられるだけでなく、土壌中の病原菌に感染する確率も高くなる。浅すぎても倒れやすいので注意したい。

霜で土が浮き上がらないように、土を押さえて苗をしっかり圧着させること。葉先を軽く引っぱっても抜けないくらいなら安心

植え穴をあけ、苗を押し込む。根が地上にはみ出しても問題ない。新しい根に生え変わることで活着する

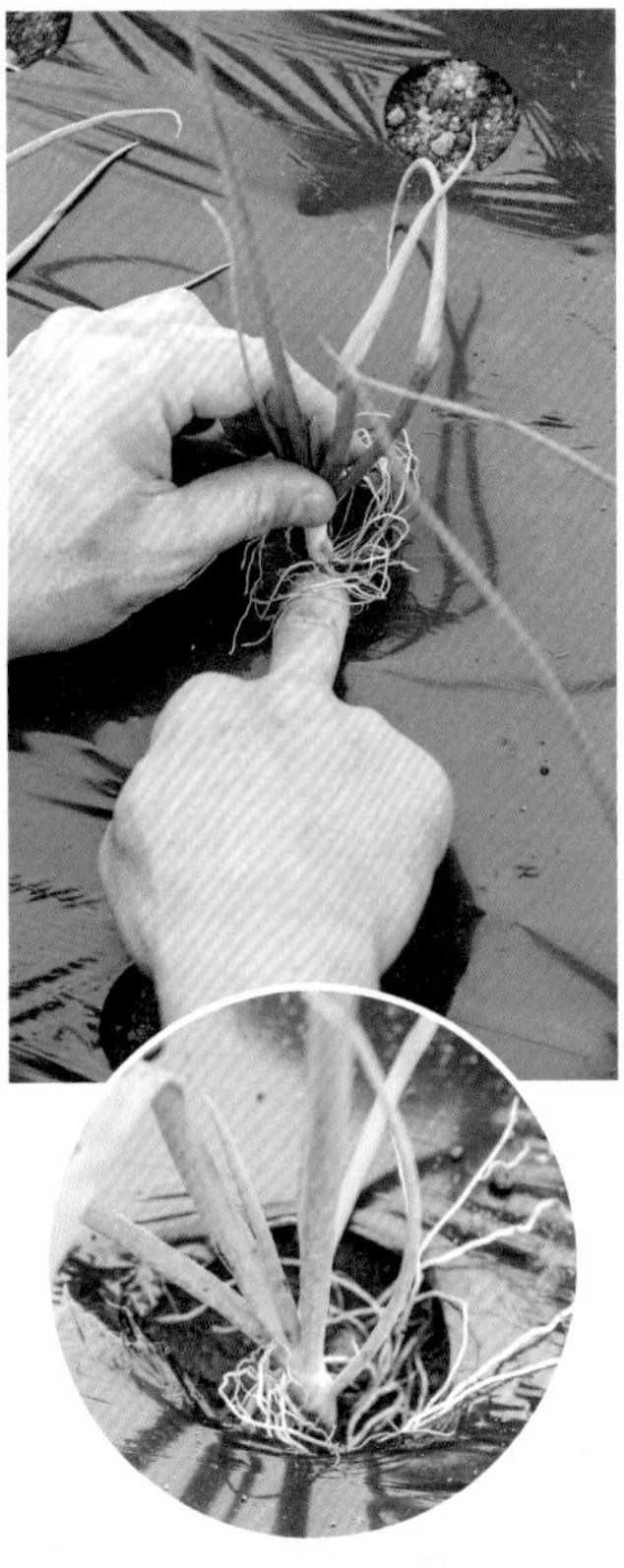

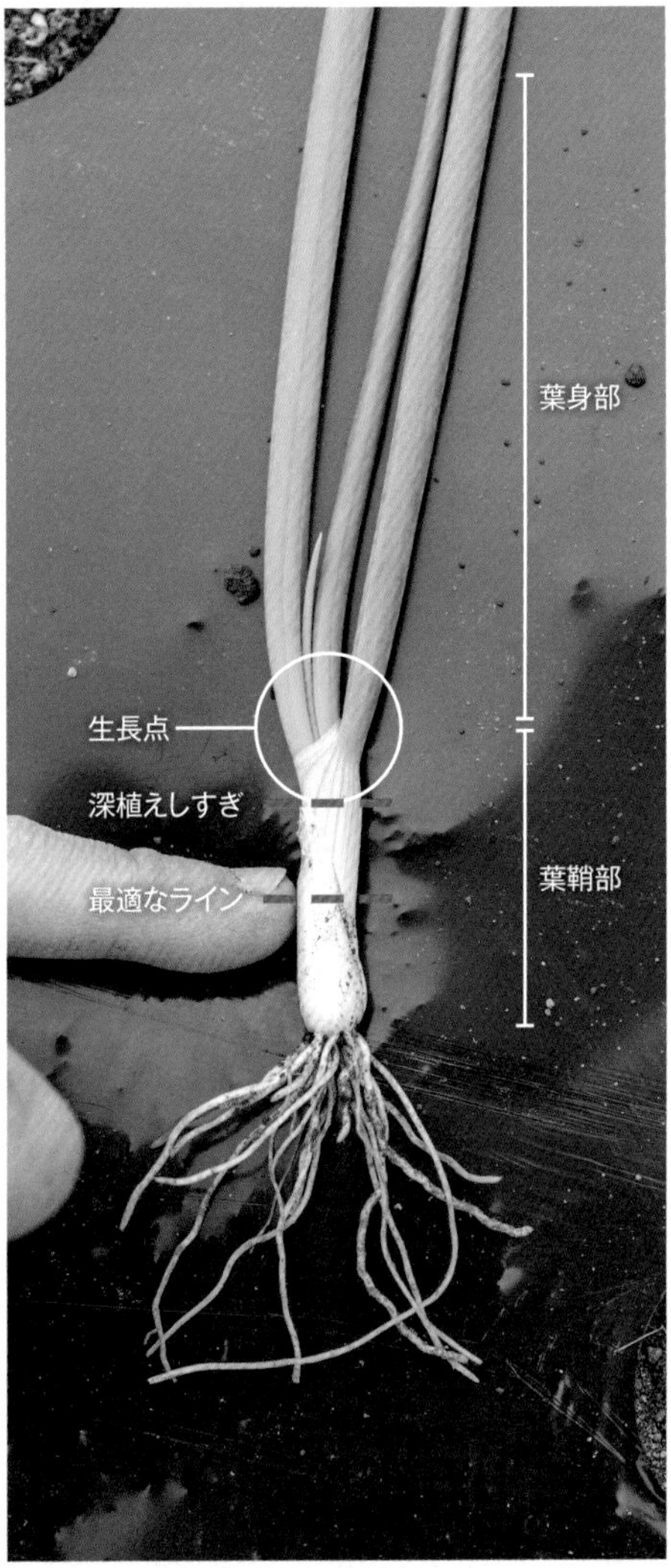

植えつける深さは葉鞘の半分くらいが適正。深植えは生長を妨げ、浅すぎると株が安定せず倒れやすくなる

葉鞘の太さが3㎜未満の細い苗は2本植えに。ともに生長を助け合い、葉タマネギや小さめの球がとれる

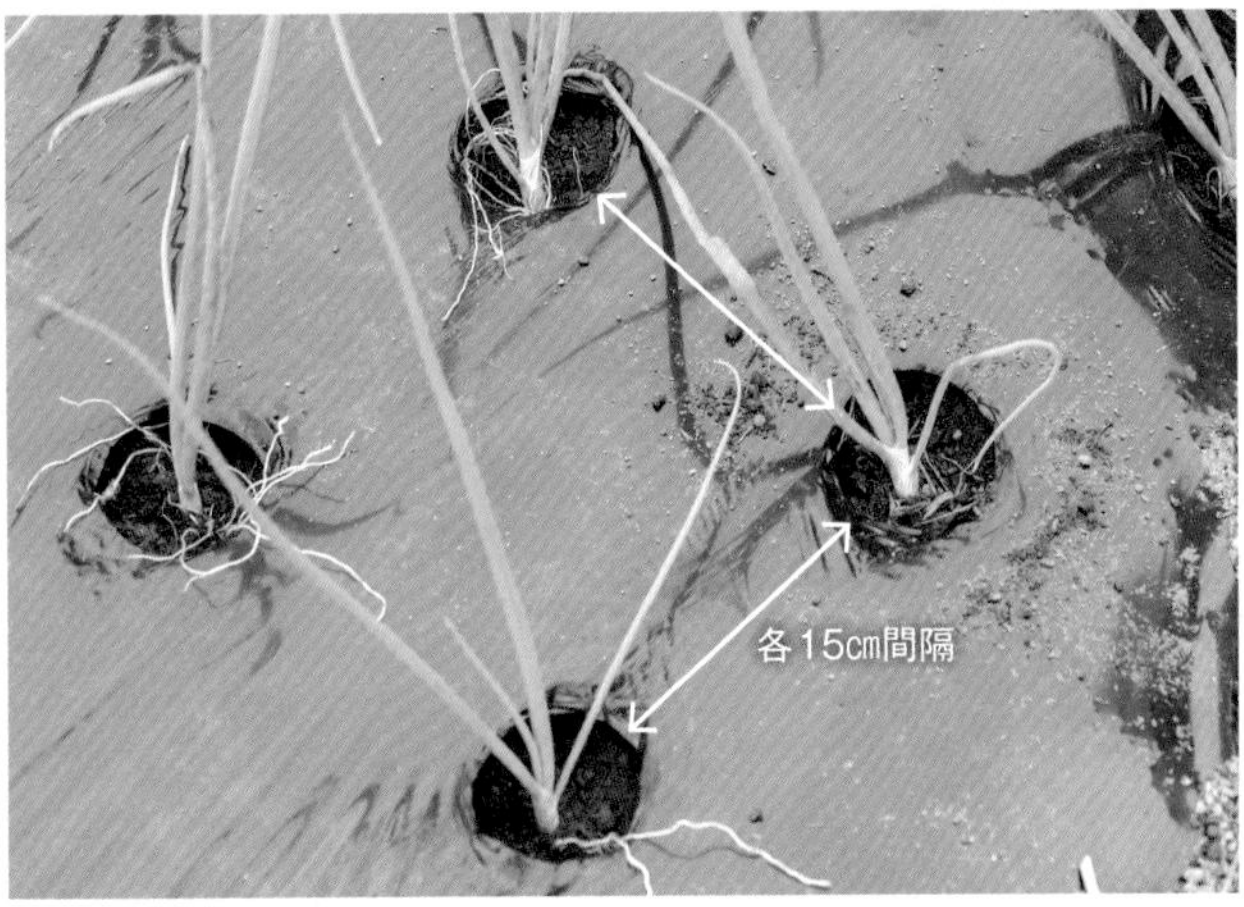

寒風で飛ばされないように、マルチはしわができないようにピンと張る

4 植えつけ後の管理

霜で根が浮いていたら、すぐに埋め戻す

霜柱が立って土が盛り上がった状態を放置しておくと、苗が枯れることがある。根が浮き上がっている箇所があれば土を寄せて埋め戻しておく。

2～3月になったら葉の色に注意。濃かったら、養分の代謝がうまくできていない可能性がある。早朝、酢を水で500倍に薄めて葉に散布すると代謝を促進できる。

薄かったら養分不足の可能性が高い。その場合はみそ汁を水で5～6倍に薄めて葉に散布すると追肥代わりになる。

越冬中のタマネギ。マルチ穴に雑草が生えていたら、小さいうちにこまめに抜こう。養分を取られてはもったいない

タマネギの大敵は、葉にカビが生えて球が生育不良になるべと病。症状がみえたら、1㎡当たり20gの苦土石灰をかけると、アルカリ性による制菌作用で増殖を抑えられる。同時にマグネシウム、カルシウムの補給もできる

5 収穫

畑で2～3日乾燥させ、葉付きでつるし干しに

葉がいっせいに倒れたら収穫のサイン。晴れた日に掘り上げ、2～3日間、日光に当てて乾燥させる。その後、風通しがよく、雨が当たらない日陰につるしておく。まだ葉から養分が転流するので、葉付きのままつるす。茎がカラカラに乾いたら、10㎝ほど茎を残して切ると雑菌が入りにくくなる。ケガをしたときのかさぶたみたいなものだ。冷暗所に置いておけば、冬まで保存できる。

葉が地際から倒れたら、収穫期（上）。手で簡単に引き抜ける

分球してしまっても、小さめのタマネギとしておいしく食べられる。太い苗ほど分球しやすいとされる

梅雨時に重なり難しいが、晴れた日に収穫し、畑に置いて2～3日乾燥させるとベター

いくつかの球を葉で束ねてひもで縛り、風通しのよい日陰で茎が枯れるまでつるし干しにする。これで完全に水分がとび、長期保存できる

冬の
循環
セオリー

秋分を境に種のまき方を変える

「暑さ寒さも彼岸まで」といわれるように、9月下旬になると夏の暑さが消え去り、一気に涼しくなってくる。秋分の日が、農作業を秋冬仕様に変える目安となる。

〝秋分〟と〝春分〟は昼夜の長さが同じになる瞬間であり、明確な季節の変わり目。秋分を境に日が短くなり、秋の夜長へと向かう。しだいに寒さも本格化するので、秋分の日から畑を秋冬仕様に変える。

わたしの場合、ホウレンソウ、コマツナ、シュンギクといった葉物野菜は、9月下旬まではマルチなしの畝に種をまき、それ以降は保温効果のある黒マルチを張った畝に種をまいている。

人は古来より太陽と地球の位置から、農作業の適期を考えてきた。暦はまさにそれを計る〝物差し〟といえるものだ。

なお、秋分の日と対称となる春分の日は、葉物野菜をふたたびマルチなしで育てられる目安になる。

秋分前

マルチなしで条まき

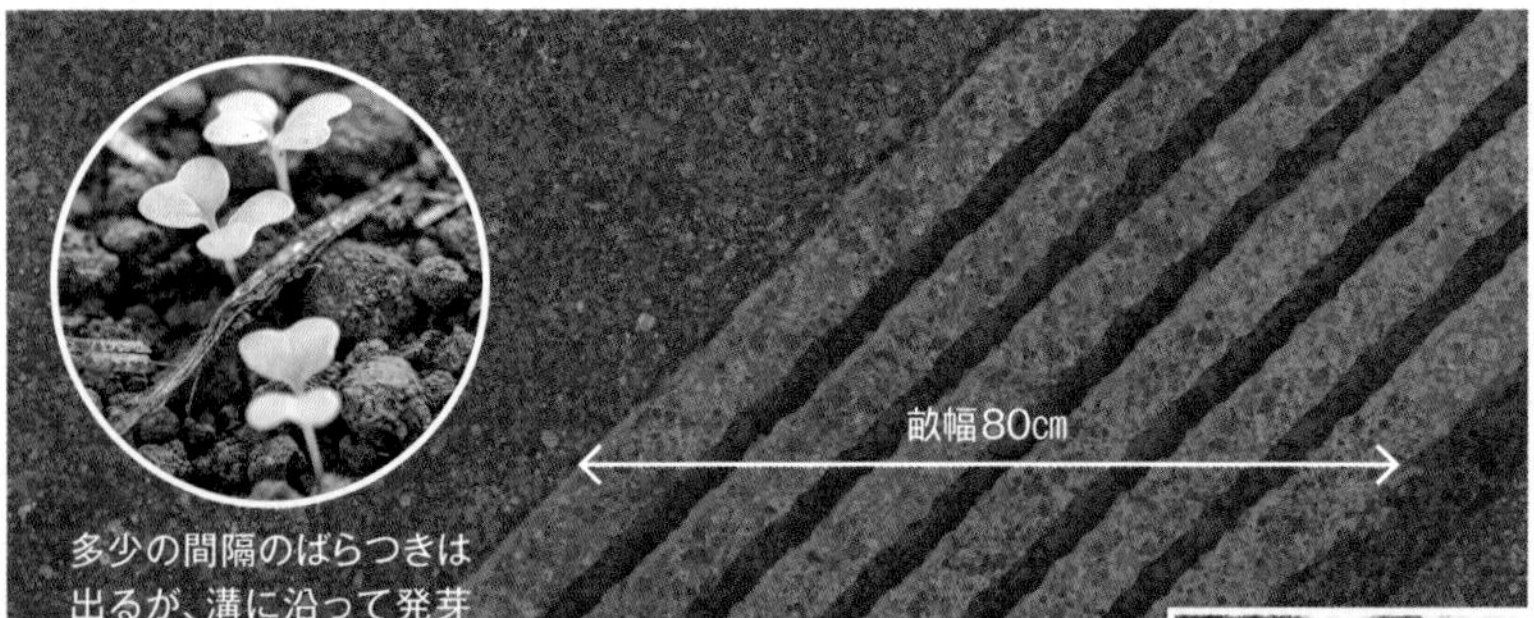

多少の間隔のばらつきは出るが、溝に沿って発芽するので収穫もしやすい

秋分の日までは秋まきの葉物野菜をマルチなしで育てる。畝を立てる前に除草器具で表層を削って雑草を小さなうちに取り除く。畝に15㎝間隔で種まき用の溝（条）をつくる

まだめだたない段階で除草しておくと、抑草効果が上がる。表層を削ぐように除草すると、草のない土の層で畝が守られた状態になる

秋分後

黒マルチで点まき

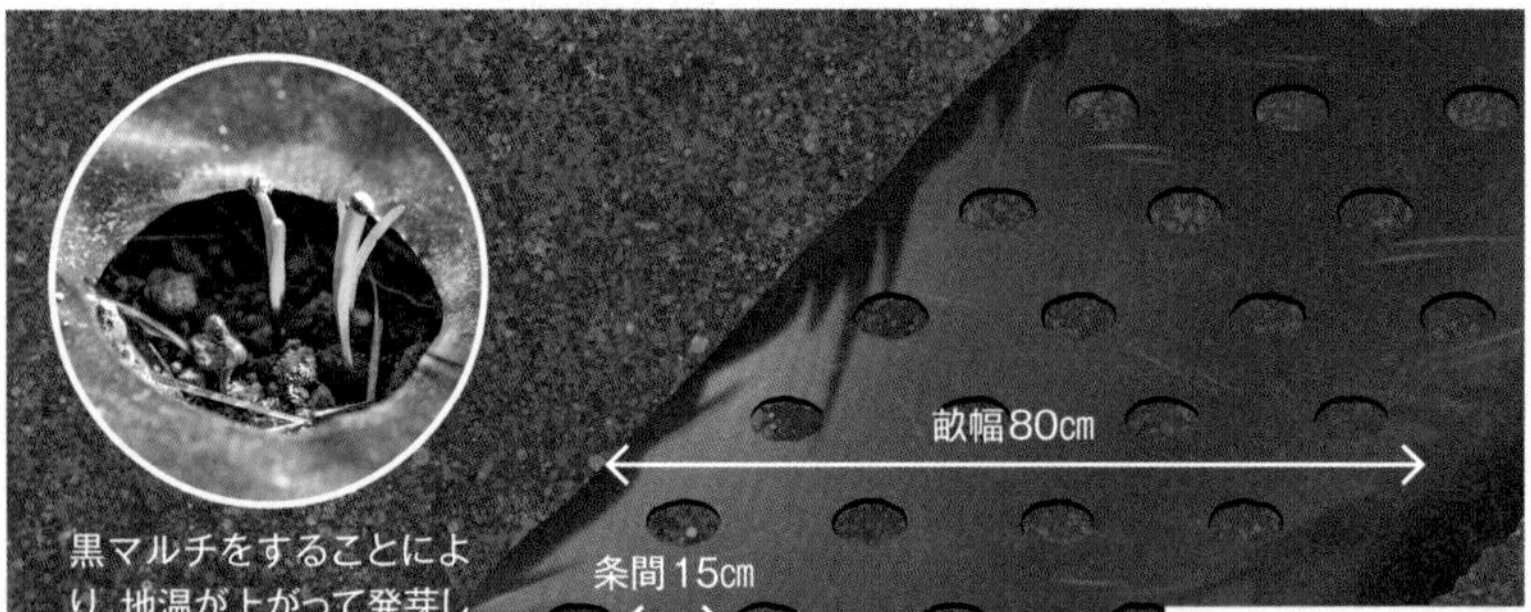

黒マルチをすることにより、地温が上がって発芽しやすくなる

秋分の日を過ぎたら、保温効果のある黒マルチを張り、点まきに変える。株間・条間とも15㎝間隔が目安になるので、タマネギ用の穴あきマルチを使うと便利だ

黒マルチはしわができないようにピンと張るのが鉄則。たるみができてしまうと、寒風がマルチの下に入り込み、十分な保温効果を発揮しない

ホウレンソウは土壌酸度に注意

ほとんどの葉物野菜は弱酸性の土壌を好むが、ホウレンソウは中性に近い土壌を好む。もし、これまで葉物野菜を育ててみてホウレンソウだけ育たないという場合は、石灰資材を使って土壌酸度を調整する必要がある。酸性土壌はカルシウムに加えてマグネシウムも雨で流れていることが多いので、苦土石灰がおすすめ。粒状より粉状のほうが効き目が早い。苦土石灰は1㎡当たり100ｇを表層5㎝程度まで混ぜて、2週間以上あけてから種をまく。

野菜の適正な土壌酸度の目安

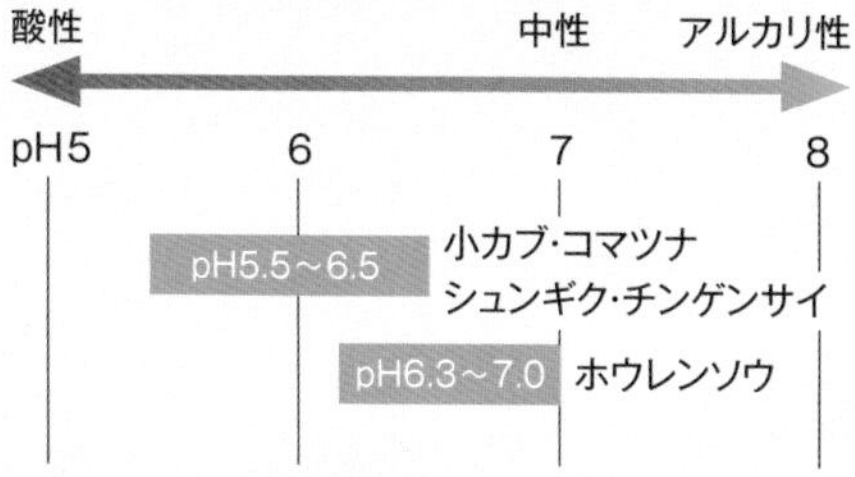

出荷農家のわたしは専門機関に酸度を含む土壌診断を依頼している。酸度だけを手早く調べるなら、写真のような「差し込み型土壌酸度計」が家庭菜園では使いやすい

条まきは3㎝間隔

まき溝をなるべくまっすぐつける。畝が短い場合はかがんで箸や支柱の切れ端を使う。畝が長い場合は、写真のように柄が長い三角ホーを使うとラク

まき溝に3㎝間隔で種をまく。親指と人差指をこすり合わせるようにしてまくと均等に種が落ちる

両手でまき溝の両側の土をすーっと寄せて覆土する。さらに足で踏んで鎮圧すると、種が水を吸いやすくなる

条まき・点まきとも種まき後は防虫トンネルを掛ける

秋まき時期の9～10月はまだ虫の活動が活発。とくに生育初期のアブラナ科野菜は、アオムシやヨトウムシに狙われやすい。その予防として、種まき後はべた掛け用の不織布、または防虫ネットをトンネル掛けする。トンネル掛けは、寒くなってからは霜よけにも役立つ。風で飛ばされないように、被覆資材は通気性のよいものを使う

点まきは3～4粒

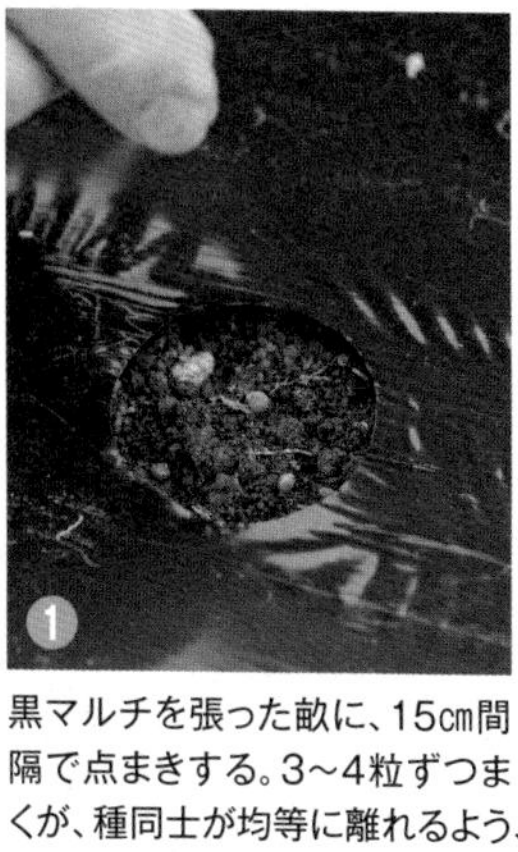

黒マルチを張った畝に、15㎝間隔で点まきする。3～4粒ずつまくが、種同士が均等に離れるよう、三角形にまくとそろいがよくなる

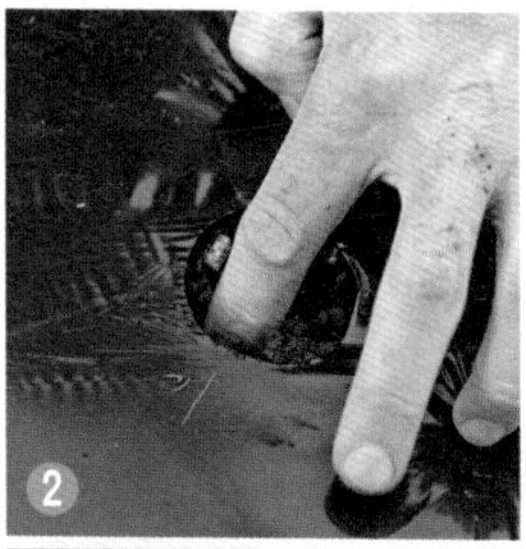

種を指先で軽く押し込み（②）、覆土。手のひらで鎮圧する（③）

葉物野菜は一つの畝にまくと効率的

秋は冷涼な気候を好む葉物野菜を始めやすい。10月、11月と気温の低下に伴い、虫の食害が少なくなるだけでなく、12月、1月の寒さにあたることで甘みが増してくる。

わたしは、数種類の葉物野菜と、小カブをまとめて栽培している。種のまき方やまき時はどれも同じなので、いっしょに作ると手間が省ける。マルチなしなら3㎝間隔の溝まき、マルチありなら1.5〜2㎝間隔で3〜4粒ずつの点まき。1本の畝にまとめることで、種まき後に掛ける防虫用のトンネルは1つですむし、間引きなどの作業も一度に片づく。

9月まきなら30〜50日程度で収穫できる。生育期間が短いので追肥の必要はない。

葉物野菜は密植ぎみのほうがやわらかくなって食べやすい。葉が混み合ってきたら、若どりする感覚で収穫する。かたい筋が残らず、食感もよい。

種まき時期（秋まき）
寒地・寒冷地　8月中旬〜9月中旬
一般地　9月上旬〜10月中旬
温暖地　9月中旬〜10月下旬

ダイコンに比べて土を選ばず、葉も茎も余すことなく食べられる、家庭菜園ではありがたい野菜。早い品種では収穫まで30〜40日と栽培期間が短く、育てやすい。9月下旬までの種まきならば『スワン』（タキイ種苗）、10月以降は『白馬』（武蔵野種苗）がおすすめ。

基本的に間引きなしで収穫している。直径5㎝くらいのピンポン玉大になったら、どんどん抜き取る。このくらいのサイズはみずみずしさが際だち、サラダや浅漬けで食べると最高だ。きちっと間隔を守ってまいても、雨などで種が流れて密集してくることがある。その場合、まず大きいものから抜き取り、小さいものを残すようにする。

種が流れて生長し、混み合ってきた所は大きいものから抜き取り、小さいものを残す

わたしは収穫時、傷んだ下葉は取り除き、通路に敷いて土に還すことを常とする。他の葉物野菜も同様だ

コマツナ

寒さにあたって甘みを増す

ビタミンやミネラルが豊富で、とくにカルシウムは緑黄色野菜の王様と呼ばれるホウレンソウの４倍も含まれる。一方で、あくが少なくどんな料理にも相性がよい。その名前は、現在の東京都江戸川区小松川周辺で栽培されていたことに由来し、作りやすさと食べやすさから全国に広がっていった。よく発芽して作りやすいが、養分過剰だと虫に食べられやすくなるので、元肥は入れすぎないこと。

真夏を除き一年中栽培できるが、だんだん寒くなる秋から冬にかけて収穫できる秋まきが、虫の食害が少なく大きく育ち、かつ甘みものる。

シュンギク

あえて密着ぎみにして次々にとる

春にキクに似た花が咲くことから、関西では「菊菜」とも呼ばれる。春まきに比べて、しだいに気温が低下する秋まきはとう立ちしにくく、育てやすい。わたしが育てている『きわめ中葉春菊』（タキイ種苗）は葉もやわらかく香りがよい品種だ。

シュンギクは他の葉物より病害虫の被害が少なく、とても育てやすい。種をまいたら、後はいっさい間引かずに、側枝をどんどん収穫していく。密植ぎみのほうがやわらかい葉を楽しめる。

寒さにはそれほど強くない。冬のあいだは不織布を掛けて霜よけをする。春になってつぼみがつき、かたくなったら終了。

チンゲンサイ

間引き1回で株を太らせる

中国原産のアブラナ科野菜で、日本では1970年代の日中国交正常化を機に本格的に導入され、今ではもっとも知られた中国野菜。味に癖がなく、炒め物にすると鮮やかな色合いとシャキッとした食感が楽しめる。

生産者向けには、株元を太らせるために株間を広くとることが推奨されているが、家庭菜園では他の葉物野菜と同じ間隔でまいてだいじょうぶだ。葉が混み合ってきたら、若どり間隔で１回だけ間引く。若どりしたものはやわらかく、これまた絶品である。とり遅れると茎葉がかたくなり、独特の食感が損なわれる。

冬の寒さにあてて甘みを存分に引き出す

ホウレンソウ

“緑黄色野菜の王様”とも称され、β-カロテンやビタミン類を多く含む栄養の塊。とりたてなら高い栄養価を余すことなく摂取できる。西アジアが原産とされ、日本へは江戸時代初期に葉の切れ込みが深い東洋種が中国から、明治時代に葉が円い西洋種が欧米から伝わり、両者をいいとこ取りした交配品種が作られてきた。わたしが育てる『冬ごのみ』（タキイ種苗）は、東洋種に似た葉に深い切れ込みのある剣葉形で、「えぐみが少なく甘みがよくのる。

コマツナに比べるとホウレンソウの生長はゆっくりだ。若どりしてもよいが、年内までじっくり寒さにあて、低温によって糖度が増した株をとるとよい。寒さにあてれば葉は厚く甘くなり、一方でえぐみは少なくなる。

種まき時期（秋まき）
寒地・寒冷地　8月中旬〜9月下旬
一般地　9月上旬〜10月中旬
温暖地　9月中旬〜10月下旬

1 種まき

鎮圧を入念にして、発芽率を高める

ホウレンソウは酸性土壌にきわめて弱い。最適pHは6.3〜7.0。pH5.5以下では本葉2〜3枚で生育が止まり、葉が黄化してしまう。土壌酸度計で酸度をチェックし、必要に応じて苦土石灰を鋤き込む。

種のまき方は他の葉物野菜と同じでよい。ただしホウレンソウの種は果皮がかたく、吸水に時間がかかる。覆土後は足で踏むか板で押さえつけるなど、入念に鎮圧する。

鎮圧により毛細管現象で地中の水分が上がり、発芽まで種の乾燥を防ぐことができる

2 収穫

甘みののった株元から切り取る

収穫までは、いっさい間引きをしない。草丈20㎝ほどになった株から順に、はさみや鎌で株元から切り取る。

真冬になると、葉だけでなく株元（胚軸）も糖度が高まり、驚くくらい甘くなる。

収穫のさいは手で葉を傾けると、株元がよく見えて地際深くを切り取りやすい

『冬ごのみ』は葉数が多く、葉柄はしなやかで折れにくい

〝自然循環菜園〟金言集

本書における内田さんの言葉から、印象深いものを抜粋。これからの野菜づくりに役立つとともに、自然観や人間観にも通じるものばかりです。

野菜づくりは〝命のリレー〟だ。

一つの野菜を育てて収穫したら終了、ではなく、その野菜が残してくれた土壌環境や残渣などの有機物を活用して、次の野菜を育てる。これを絶え間なく何年も繰り返すことで、肥料も堆肥も使わない、病害虫も発生しない、最高の土ができあがってくるのだ（11ページ）

害虫も益虫も、病原菌もいて、たがいにけん制し合っている。

だから病害虫が発生しても一部だけで、あまり広がらない（28ページ）

二十四節気は、いつ・なにを行えば、野菜が育つかを指し示した、いわば〝農作業の羅針盤〟

といえるものなのだ（13ページ）

人がどうしてもあらがえないのは太陽の動き。

そう考えると、光と温度を天秤にかけたときに制御しにくいのは光となる。まずは太陽の光に合わせて農作業を行い、温度はそのつど人の手で調整していけばよい（58ページ）

緑肥作物を育てるのは、微生物を飼っているようなものだ。

根のまわりに微生物や土壌動物が集まり、腐植質が増えて土がふかふかになる。養分の循環も早くなる（72ページ）

人間でいうと、発芽したばかりの子葉は赤ちゃん。苗は小学生にたとえることができる。小学生くらいなら、おなかが空いたら自分でご飯を食べようとするし、虫が飛んできたら手で払おうとする。野菜も同じで、苗は活着するとみずから畑の環境に合わせて生長しようとするのだ（38ページ）

作物にとって種をつくることがもっともエネルギーを必要とする。若さやをとることで株の負担が軽くなり、長期にわたってたくさんのさやを収穫できる。一種の追肥だと思って、取り遅れないようにしたい（101ページ）

ホウレンソウとハクサイのできで土の状態がわかる。ホウレンソウの生育が悪ければ土が酸性に傾いている可能性が高いし、ハクサイが結球しなければ総じて地力が低いということになる（34ページ）

内田達也

（うちだ・たつや）

（株）いかす取締役。1976年、東京都生まれ。神奈川県平塚市、大磯町で7ha（2023年1月時点）の有機栽培圃場を運営し、年間40品目の野菜を出荷。持続可能な農業の担い手を増やす「はたけの学校【テラこや】」講師を務める。

AD	矢﨑 進
デザイン	大類百世　相馬和弥
カバーイラスト	山田博之
本文イラスト	オオジカオリ（p.11～54） 前橋康博（p.8～10、56～111）
撮影	高橋 稔
写真協力	阪口 克　若林勇人
取材・文	加藤恭子
校正	佐藤博子
ＤＴＰ製作	天龍社

※本書は雑誌『やさい畑』2021年春号～2022年春準備号までに掲載された連載「循環菜園のすすめ」「循環菜園をはじめよう 連作は究極の栽培技術だ！」を再編集したものです

無肥料・無農薬で究極の野菜づくり

はじめての自然循環菜園

2023年2月20日　第1刷発行
2024年6月15日　第2刷発行

著者	内田達也
発行者	木下春雄
発行所	一般社団法人　家の光協会 〒162-8448 東京都新宿区市谷船河原町11 電話　03-3266-9029（販売） 　　　03-3266-9028（編集） 振替　00150-1-4724
印刷・製本	図書印刷株式会社

乱丁・落丁本はお取り替えいたします。定価はカバーに表示してあります。

ISBN 978-4-259-56748-4 C0061